外语教育
（2022）

华中科技大学主管
华中科技大学外国语学院主办
《外语教育》编辑部编辑出版

第22辑·第1卷
（总第22卷）

外语教育

（2022）（下）

Foreign Language Education

华中科技大学外国语学院 编

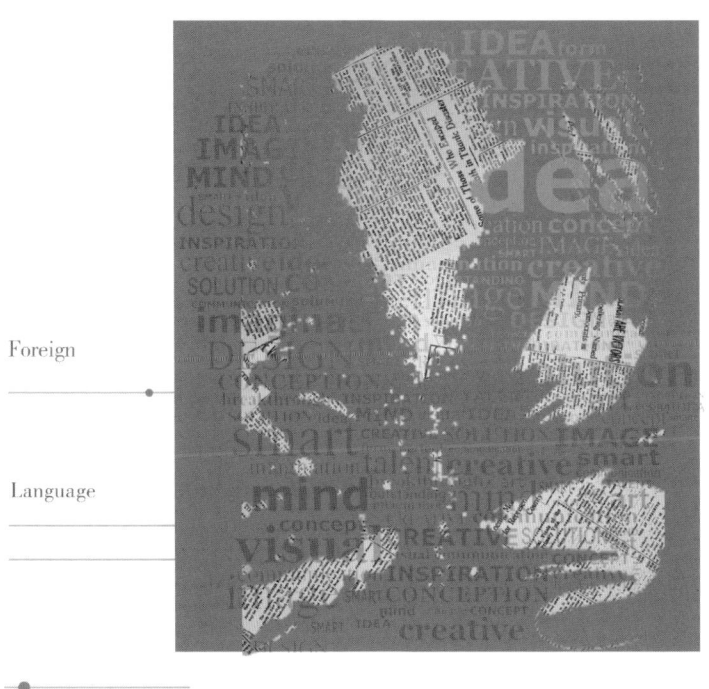

Foreign

Language

Education

华中科技大学出版社
http://www.hustp.com
中国·武汉

卷　首　语

　　各位《外语教育》的读者、来稿作者以及审稿专家，十分感谢大家对于本刊的大力支持。在华中科技大学外国语学院与华中科技大学出版社的关怀下，《外语教育》2022下半年刊如约与大家相见了。

　　本期《外语教育》同样带来了外语研究领域最新的学术成果，供读者朋友学习分享，共包含以下几个研究领域：外语教育研究、翻译研究、语言学研究，以及文化与文学研究。在外语教育研究方面，陈高邈在《课堂环境与高中英语成绩的关系探究》中采用 Pearson 相关分析考察课堂环境各个维度与英语成绩之间的关系，发现课堂分析各个维度两两之间呈正相关，且能显著预测真实成绩。该研究为二语教师和学习者提供了一定的教学启示。张梦媛和冯学芳在《中国大学生外语学习倦怠及其与学业成绩的相关性研究》中参照马斯拉奇学生学习倦怠量表（MBI-SS），以中国非英语专业大学生为研究对象，调查了中国大学生英语学习倦怠心理及其对学业成绩的预测作用，发现中国大学生普遍持有倦怠情绪，这种倦怠情绪对考试成绩也有负向预测作用。贾娟在《〈低水平英语学习者的学术素养支架构建〉述评》中，详细介绍了该书各章节并就相关问题进行思考，认为该书的出版填补了低水平英语学习者学术素养培养理论方面的空白。

　　在翻译研究方面，许明武和庞沁宜在《〈尚书〉英译本中时间词汇的翻译策略研究》中，研究了《尚书》英译本中的时间词汇，归纳了译者对不同词汇采取的翻译策略和翻译方法，分析了译者的文化价值取向。研究发现译者理雅各倾向于"保留"的文化价值去向，这对促进中国典籍"走出去"起到了重要作用。梁林歆和李迎在《形象学视角下〈细语中国〉汉译本中的中国形象建构》中，研究了尼古拉斯·周思散文集《细语中国》及其英译本，发现译者修改了作者"他者形象"与我国"自我形象"的不符之处，借助翻译为中国构建起和平公正的政治形象、开放平等的社会形象和独立强大的外交形象。

在语言学研究方面，晋月露和黄洁在《汉语病患语篇中的死亡隐喻研究——以〈在天堂的门口：抗癌日记〉为例》中，以隐喻理论为基础，将中国患者的抗癌日记建为小型语料库，分析汉语病患语篇中死亡隐喻的使用特点。研究发现，汉语死亡隐喻具有等级性弱化、意象强弱性、情感两极性等特征。

在文化与文学研究方面，方舒琼在《试谈〈戴妈妈〉中的历史传承和回忆》中探究了格洛丽亚·内勒重建历史和回忆的技巧，揭示作者是如何通过独特的第一人称集体型叙述声音、百衲被式拼接的叙事模式和无声胜有声的非语言叙事表达巧妙地将过去、现在和未来联结起来。龙吟式在《论〈尖枞之乡〉的白人女性共同体构建》中对地方叙述代表作《尖枞之乡》进行研究，发现该书并非常人认为的"乡土文学"作品，书中男性角色缺位，白人女性居于核心地位，作者借此构建新英格兰盎格鲁-诺曼血统至上的白人女性共同体。时丽颖在《徐坤〈厨房〉隐喻关系网络的构建——基于 Lakoff 概念隐喻理论的分析》中，通过构建《厨房》表层文本下的隐喻关系网络，指出隐喻修辞对小说主题表达有积极作用，并对 Lakoff 的隐喻理论做出反思。

在过去的一年，全球疫情逐渐停歇，国内生产生活逐步恢复到疫情前的水平。疫情的反复给人们带来了太多不确定性，也许大家的学习、研究轨迹都曾被突如其来的疫情打断过。如果说过去的三年中，我们学会了什么的话，那就是珍惜当下，珍惜每一个平凡的瞬间。《外语教育》欢迎每一位作者来稿，我们珍视并尊重每一篇来稿，助力您在学术道路上越走越远，发光发亮。

《外语教育》编辑部

二〇二三年二月

目　　录

Contents

Foreign Language Education Studies

Translation Studies

Linguistic Studies

Culture and Literature Studies

外语教育研究

Foreign Language Education Studies

课堂环境与高中英语成绩的关系探究

华中科技大学外国语学院　陈高邈

摘　要：课堂环境被认为是有效教学的关键，然而鲜有研究考察其与二语成绩之间的关系。本研究对安徽 3 所学校 1415 名高二学生进行问卷调查和英语测评，采用 Pearson 相关分析和回归分析，考察课堂环境 7 个维度与英语成绩之间的关系。结果表明：① 课堂环境的 7 个维度两两之间呈正相关关系，课堂环境各维度、真实成绩和自评成绩两两之间呈正相关关系；② 课堂参与、课堂探究、任务取向和学生间平等均能显著预测真实成绩，其中，课堂参与的预测作用最大；③ 课堂参与和任务取向均能显著预测自评成绩，其中，课堂参与的预测作用最大。研究结果为二语教师和学习者提供了一定的启示。

关键词：课堂环境；英语成绩；课堂参与；任务取向

An Investigation in Senior High Schools on the Relationship between Classroom Environment and English Achievements

Abstract：Classroom environment is considered as the key of effective learning，while few studies have attended to the relationship between classroom environment and L2 achievements. Using a questionnaire survey and an English test，this study investigated 1,415 Year-2 senior high school students from three high schools in Anhui Province. Pearson correlation analyses and regression analyses were conducted to examine the relationship between the seven dimensions of classroom environment and English achievements. The results showed that：① positive correlations were found between each two of the dimensions of classroom environment，and positive correlations were also found between each two of the dimensions of classroom environment，actual English achievement and self-perceived English achievement；② involvement，investigation，task orientation and equity co-predicted actual English achievement，with involvement playing the greatest role；③ involvement and task orientation co-predicted self-perceived English achievement，with the effect of involvement being the greatest. The findings provide some implications for L2 teachers and learners.

Key words：classroom environment；English achievements；involvement；task orientation

1　引言

课堂环境指学生对于所处班级或课堂的心理感知。大多数关于课堂环境的研究都是在自然科学和应用科学背景下展开的,外语情景下的课堂环境与成绩的关系很少被关注,此类实证研究也较少。高中是学生人生的重要阶段,英语是高中的主要科目之一。我国高中生的英语学习主要在课堂展开,因此开展关于课堂环境与英语成绩关系的实证研究对外语教师和学生来说都是急迫和必要的。本研究以人与环境互动理论为基础,探讨课堂环境各维度与英语成绩之间的关系,不仅可以了解学生对课堂环境的感知情况,还可以构建积极的课堂环境,提高学生的英语成绩,增强学生学习英语的自信心,为我国英语教育教学提供一定的启示。

2　文献综述

2.1　课堂环境的定义

Moos(1974)认为,人所处的环境包括 3 个维度,即人际关系维度、个人发展维度、系统维持与变化维度。刘丽艳、刘永兵(2012)提出课堂环境与社会、心理和物理因素相关。

随着广义环境定义的出现,越来越多的学者将环境定义细化,并将这个定义引入其他领域。如在教育学领域,Fraser 等(1986a,1986b)在 Moos(1974)的基础上将环境的定义细化,认为课堂环境是所处班级或课堂的学生或教师对班级或课堂的感受,积极的课堂环境包括学生凝聚力、教师支持、课堂参与、课堂探究、任务取向、学生间合作和学生间平等 7 个维度。本研究中的课堂环境沿用这个定义,但侧重于学生对于所处班级或课堂的心理感知。

2.2　课堂环境理论与测量工具

20 世纪 30 年代,德国心理学家 Lewin(1936)提出了动力场理论。他认为人的行为是人与心理环境共同作用的结果。该理论为关于课堂环境的研究奠定了理论基础。在心理学和二语习得领域,也有与之相呼应的理论——人和环境互动理论(person-environment interaction theory)(Dörnyei & Ryan,2015;Li & Dewaele,2021)。它强调个体和环境虽然是独立的,但是两者是相互作用、相互关联的,环境会对个体的行为造成影响,因此个体和环境密不可分。因此,二语学习者的学业成绩也会受到课堂环境的影响。

Seligman 和 Csikszentmihalyi(2000)将积极心理学引入二语习得领域,并提出积极心理学的三大支柱为主观层面的积极体验、个体层面的积极品质、集体层面的积极环境。课堂环境也被包含在了集体层面的积极环境之中(江桂英,李成陈,2017)。在二语习得领域,李成陈(2020)进一步提出,外语课堂环境的核心要素是情绪,并指出了情绪与外语课堂环境之间的理论联系。因此,关于课堂环境与学业成绩的研究在提升学生学习成绩和塑造学生健康心理方面都起着不可或缺的作用。

学生是课堂环境的重要参与者,因此可以通过学生对于课堂环境的感知来研究课堂环境。在此基础上,不少学者开发或编制了与课堂环境相关的量化问卷。例如,针对大学生,Walberg 和 Anderson(1968)开发了学习环境调查表(LEI),Fraser 和 Treagust(1986)开发了大学课堂环境问卷(CUCEI),Fraser 等(1996)开发了名为"这个班级发生了什么"(WIHIC)的问卷;针对中学生,Fraser(1990)开发了个性化课堂环境问卷(ICEQ),Aldridge 等(1999)改编了 Fraser 等人开发的问卷"这个班级发生了什么",并将其应用于初中课堂环境研究;针对小学生,Fisher 和 Fraser(1981)将学习环境调查表(LEI)简化,形成了"我的班级"调查表(MCI)。此外,Wubbels 和 Levy(1993)开发了教师互动调查表(QTI),以研究教师与学生在课堂上的互动情况。

除了以上按照不同教育阶段制定的量表,也有许多被用来专门评估不同类型下课堂环境的量表。如 Fraser 等人(1992)开发了实验室环境下的学科实验室环境问卷(SLEI);Teh 和 Fraser(1994)开发了计算机辅助地理学习课堂的地理课堂环境问卷(GCEI)。

在外语学习领域,学者们也编制了课堂环境量表,以开展外语课堂环境研究。如孙云梅(2009)开发的大学英语课堂环境评估调查表(CECEI)主要用于大学教师和学生的英语口语课堂;刘丽艳、刘永兵(2012)编制了中学英语课堂环境量表(MSECEI),主要用于高中英语课堂环境研究,但该量表忽视了当今素质教育提倡的培养学生的探究能力这个维度。

以上问卷主要针对高等教育或自然科学学科,即使适用于中学英语课堂,但其包含的维度并不全面。相比之下,Aldridge 等(1999)改编自 Fraser 的"这个班级发生了什么"的问卷已在国内外各种语境、学科和教育阶段下得到了验证(Wolf & Fraser,2008),因此能够更适宜、更全面地测量中学英语课堂环境。

2.3　关于课堂环境与外语成绩的实证研究

长期以来，课堂环境一直被视为有效学习的最重要因素之一。例如，Yin 等（2020）发现，大一学生（$n=1443$）在高等数学课上对课堂环境的感知对其数学成绩有积极的预测作用；Wolf 和 Fraser（2008）在对美国 1434 名中学生物理课堂与成绩的研究中发现，教师支持维度和学生间合作维度能分别负向预测物理成绩，而学生间平等维度能正向预测物理成绩；Chionh 和 Fraser（2009）发现，新加坡中学生（$n=2310$）的学生凝聚力、教师支持、课堂参与、任务取向、学生间合作、学生间平等与地理和数学成绩呈正相关关系，且能预测地理和数学成绩。这些均是在自然科学学科或者应用科学学科背景下的研究。

在外语背景下，Gascoigne（2012）发现，将法语作为外语的美国学习者对课堂环境的感知与其法语课程成绩之间存在正相关关系。Kumala（2015）发现，在印度尼西亚，课堂环境和九年级学生的英语成绩之间存在显著正相关关系。Wei 等（2019）在对中国初中生的研究中发现，课堂环境对英语期末成绩有显著的正向预测作用。以上这些研究均将课堂环境作为整体的变量来研究其与外语成绩的关系。

当然，也有学者探究课堂环境各维度与外语成绩的关系。例如，孙云梅（2009）发现课堂参与和教师支持这两个维度分别并共同对非英语专业大学生的口语成绩具有预测作用；在以中国高二学生为样本的研究中，刘丽艳、刘永兵（2012）得出了以下结果，即教师支持维度对英语成绩具有负向预测作用，任务取向维度则对英语成绩具有正向预测作用；Joe 等（2017）研究发现，对于将英语作为二语的韩国学习者来说，课堂环境中的教师情感支持维度能够显著负向预测基本心理需求中的能力维度，而能力又能直接正向预测二语成绩。

然而，在对中国的课堂环境，特别是对中等教育阶段课堂环境的实证研究中，我们发现，课堂环境各维度对外语成绩的预测作用不一。同时，很少有研究考察课堂环境各维度对外语成绩的共同预测作用。为了更好地揭示课堂环境与外语成绩之间的关系，并促进教育教学活动，开展此类实证研究是非常有必要的。

2.4　研究问题

对外语教育研究人员、外语教师和学生来说，改善课堂环境、提高外语成绩和增强学好外语的信心都至关重要。因此，本研究主要探讨课堂环境各维度如何共同预测英语成绩。研究问题如下：

① 课堂环境各维度、真实成绩和自评成绩之间的关系如何？

② 课堂环境各维度对真实成绩的共同预测作用如何？

③ 课堂环境各维度对自评成绩的共同预测作用如何？

3 方法

3.1 受试与背景

受试来自安徽省 3 所学校(2 所公立学校和 1 所私立学校),包括 34 个自然班的 1415 名高二学生。其中,男生占比约 50.88％(720 人),女生占比约 48.90％(692 人),3 名受试未提供性别信息。文科生占比约 60.85％(861 人),理科生占比约 39.15％(554 人)。平均年龄为 16.83 岁(标准差为 0.77)。这 3 所学校都按照教育部发布的教学大纲开展教学工作,在所有科目中使用相同的教科书。他们每周有 10—14 节时长 45 分钟的英语课。对他们中的大多数人来说,英语学习是以考试为导向的,他们所有的努力都在为高考做准备。高考是一项选拔性考试,只有通过竞争激烈的高考,他们才能获得进入大学的入场券,英语就是高考中的科目。

所有被试均以汉语为母语,以英语为外语,他们没有出国留学或旅行的经历。

3.2 测量工具

本研究采用量化方法,通过问卷和测试来获取数据。问卷由三个部分组成,即受试的背景信息、课堂环境和自评英语成绩。2016 年高考英语试卷(全国 1 卷)被用来测试学生的真实英语水平。

(1)课堂环境。

本研究使用 Aldridge 等(1999)改编的"这个班级发生了什么"问卷版本,以测量课堂环境。我们通过指定当前的二语语境(英语)修改了问卷。问卷由 1 名应用语言学专业的博士翻译,并由 2 名应用语言学教授和 1 名参与测试学校的英语教师做进一步检查。在正式测试开始之前,所有的意见和建议均经过讨论,研究人员对这些都达成了一致。调整后的问卷由 7 个维度(学生凝聚力、教师支持、课堂参与、课堂探究、任务取向、学生间合作、学生间平等)组成,包含 56 个题项。学生凝聚力维度的示例题项为"在英语课上,同学们很喜欢我";教师支持维度的示例题项为"英语老师考虑我的感受";课堂参与维度的示例题项为"我在英语课上积极参与讨论";课堂探究维度的示例题项为"我开展研究,以解决在英语课上讨论的问题";任务取向维度的示例题项为"我在英语课上专心致志";学生间合作维度的示例题项为"在英语课堂上参加分组活动时,我们有团队合作";学生间平等维度的示例题项为"和其他学生一样,我从英语老师那里得到了同样多的帮助"。量表采用李克特5级量表,1代表"从未",2代表"很少",3代表"有时",4代表"经常",5代表"总是"。量表整体和各维度信度(Cronbach's α)分别为0.950、0.847、0.877、0.836、0.893、0.863、0.885和0.907,表明整体和维度内部一致性较高。

(2)英语成绩。

本研究中的英语成绩包括真实考试成绩与自评成绩。2016年高考英语试卷(全国1卷)被统一作为被试的英语考试试卷,被试需要在120分钟内完成听力(30分)、阅读理解(40分)、完形填空(30分)、语法填空(15分)、改错(10分)和写作(25分),满分为150分。高考英语试卷的制定遵循教育部规定的课程标准。因此,此高考真题是检测学生英语成绩的理想试卷。此外,被试所在的学校每年均会在高考前将往年的高考真题当作模拟试卷,以测试学生的英语水平。

关于自评成绩,被试被要求在1—10分的范围内对自己的英语水平进行评分。尽管自我评分是主观的,但它是被试对自己的英语考试成绩和水平进行综合考虑后做出的评价(李成陈,2020)。因此,它在一定程度上是稳定的。另外,将自评成绩和真实成绩结合起来,也可以提高数据的可信度(李成陈,2020)。

3.3　数据收集

本研究是国家社会科学基金支持下的一个项目的一个部分,并且得到了笔者所在机构和3所被试学校所属的当地市教育局的批准。3所学校被告知了此研究的性质与用途,每个被试学校的校长和班级的英语教师帮助我们发放了纸质版问卷。英语考试由学校教师监考和阅卷。共回收了1718份问卷,其中303份由于技术问题(放音设备异常)没有英语考试(听力部分)的成绩,因此完成率约为82%。问卷数据和考试成绩于2017年5月至2017年6月收集完成。

3.4　数据分析

本研究使用Excel和SPSS 25.0对问卷数据和考试分数进行数字化处理,录入并检查缺失值和异常值。首先,使用SPSS 25.0对所有变量进行描述性统计、正态分布检验和频率分析。为回答研究问题1,本研究进行了Pearson相关分析。对于研究问题2和研究问题3,本研究进行了回归分析,将课堂环境7个维度分别作为真实成绩和自评成绩的共同预测变量。

4　结果

4.1　课堂环境各维度及英语成绩情况

为了解受试课堂环境各维度及英语成绩情况,本研究使用SPSS 25.0进行了描述性统计和频率分析,结果如表1所示。表1显示了课堂环境各维度与英语成绩平均值、标准差、中位数、众数、可能区间、观测区间、偏度、偏度标准差、峰度和峰度标准差。

表1　课堂环境各维度与英语成绩水平

变量	平均值	标准差	中位数	众数	可能区间	观测区间	偏度	偏度标准差	峰度	峰度标准差
学生凝聚力	3.61	0.60	3.63	3.63	1.00—5.00	1.13—5.00	−0.40	0.07	0.78	0.13
教师支持	2.74	0.82	2.75	3.00	1.00—5.00	1.00—5.00	0.10	0.07	−0.11	0.13
课堂参与	2.30	0.70	2.25	2.25	1.00—5.00	1.00—5.00	0.55	0.07	0.24	0.13
课堂探究	2.15	0.77	2.13	1.00	1.00—5.00	1.00—5.00	0.40	0.07	−0.15	0.13
任务取向	3.18	0.75	3.25	3.00	1.00—5.00	1.00—5.00	−0.18	0.07	0.07	0.13
学生间合作	2.86	0.82	2.88	3.00	1.00—5.00	1.00—5.00	−0.04	0.07	−0.20	0.13
学生间平等	3.03	0.93	3.00	3.00	1.00—5.00	1.00—5.00	−0.14	0.07	−0.32	0.13
真实成绩	103.99	18.15	105.50	110.00	0—150.00	34.00—146.00	−0.60	0.07	0.33	0.13
自评成绩	5.99	1.67	6.00	7.00	1.00—10.00	1.00—10.00	−0.65	0.07	0.61	0.13

由表1可知,受试的学生凝聚力平均值处于较高水平,表明多数学生在英语课堂上感受到较高程度的相互支持与合作;受试的教师支持、任务取向、学生间合作和学生间平等的平均值处于中等水平,说明多数受试在英语课堂上感受到中等程度的教师关心与信任,对任务的认知程度中等,通过合作完成学习任务的程度中等,感受到中等程度的教师平等对待学生;受试的课堂参与和课堂探究平均值处于较低水平,说明多数受试在英语课堂上参与度较低,较少用探究解决英语问题。

表1还显示,受试的真实成绩平均值处于中等偏上水平,说明多数受试的英语水平为中等偏上;受试自评成绩的平均值处于中等水平,说明多数受试对自身的英语水平具有中等程度的自信。

4.2　课堂环境各维度与英语成绩的相关性

表 2 为各变量之间 Pearson 相关分析结果。由表 2 可知，课堂环境各维度之间均呈显著正相关。具体来说，根据 Cohen（2013）提出的标准，学生凝聚力与教师支持、课堂参与、任务取向、学生间合作、学生间平等均呈低到中程度相关，与课堂探究呈低程度相关；教师支持与课堂参与、学生间平等均呈中到高程度相关，与课堂探究、任务取向、学生间合作均呈低到中程度相关；课堂参与和课堂探究、学生间合作均呈中到高程度相关，和任务取向、学生间平等均呈低到中程度相关；任务取向与学生间合作、学生间平等均呈低到中程度相关；学生间合作与学生间平等呈低到中程度相关。

表 2 还体现了课堂环境各维度与真实成绩、自评成绩均具有显著正相关关系。学生凝聚力与真实成绩、自评成绩均呈低程度相关；教师支持与真实成绩呈低程度相关，与自评成绩呈低到中程度相关；课堂参与和真实成绩、自评成绩均呈低到中程度相关；课堂探究与真实成绩呈低程度相关，与自评成绩呈低到中程度相关；任务取向和真实成绩、自评成绩均呈低到中程度相关；学生间合作与真实成绩呈低程度相关，与自评成绩呈低到中程度相关；学生间平等和真实成绩、自评成绩均呈低到中程度相关。真实成绩与自评成绩呈低到中程度相关。

表 2　课堂环境各维度与英语成绩的相关性

变量	1	2	3	4	5	6	7	8	9
学生凝聚力	—								
教师支持	0.244**	—							
课堂参与	0.247**	0.581**	—						
课堂探究	0.162**	0.431**	0.623**	—					
任务取向	0.213**	0.428**	0.468**	0.403**	—				
学生间合作	0.362**	0.391**	0.531**	0.488**	0.472**	—			
学生间平等	0.268**	0.548**	0.485**	0.306**	0.453**	0.439**	—		
真实成绩	0.107**	0.177**	0.298**	0.098**	0.219**	0.178**	0.250**	—	
自评成绩	0.136**	0.251**	0.391**	0.237**	0.391**	0.265**	0.282**	0.439**	—

注：** $p < 0.01$。

4.3　课堂环境各维度对英语成绩的共同预测作用

为了了解课堂环境各维度对英语成绩的预测作用，本研究运用 SPSS 25.0 进行回归分析,以课堂环境各维度作为预测变量,真实成绩和自评成绩分别作为结果变量。表 3 和表 4 为回归分析的结果。

如表 3 所示,回归方程模型以课堂环境各维度作为共同预测变量,真实成绩作为结果变量,各项系数($R=0.352$,调整后的 $R^2=0.119$, $F=28.365$, $p<0.01$)表明模型拟合度良好。课堂参与、课堂探究、任务取向和学生间平等均能显著预测真实成绩。其中,课堂参与($\beta=0.317$, $p<0.01$)、任务取向($\beta=0.096$, $p<0.01$)和学生间平等($\beta=0.125$, $p<0.01$)均正向预测真实成绩,而课堂探究($\beta=-0.157$, $p<0.01$)负向预测真实成绩。另外,课堂参与的预测作用比课堂探究、学生间平等和任务取向的预测作用大。在表 3 中,学生凝聚力、教师支持和学生间合作对真实成绩的预测作用没有达到显著水平。多重共线性诊断结果显示容忍度均大于 0.1,方差膨胀系数均小于 3,因此各变量之间存在共线性的可能极小。

表 3　课堂环境各维度对真实成绩的共同预测作用

| 回归方程 | | 拟合参数 | | | 系数 | | | | 多重共线性 | |
预测变量	结果变量	R	调整后的 R^2	F	β	B	t	B 的 95% 置信区间	容忍度	方差膨胀系数
学生凝聚力					0.012	0.373	0.458	[−1.224, 1.969]	0.847	1.181
教师支持					−0.053	−1.182	−1.582	[−2.647, 0.284]	0.553	1.807
课堂参与					0.317	8.229	8.419***	[6.312, 10.146]	0.441	2.269
课堂探究	真实成绩	0.352	0.119	28.365***	−0.157	−3.666	−4.696***	[−5.198, −2.135]	0.560	1.784
任务取向					0.096	2.335	3.111***	[0.863, 3.807]	0.655	1.527
学生间合作					0.003	0.057	0.078	[−1.384, 1.498]	0.568	1.759
学生间平等					0.125	2.439	3.867***	[1.202, 3.676]	0.595	1.682

注:*** $p<0.01$;β 是标准化系数,B 是未标准化系数。

如表 4 所示，回归方程模型以课堂环境各维度作为共同预测变量，自评成绩作为结果变量，各项系数（$R = 0.462$，调整后的 $R^2 = 0.200$，$F = 54.446$，$p < 0.01$）表明模型拟合度良好。课堂参与和任务取向均能显著预测自评成绩。其中，课堂参与（$\beta = 0.297$，$p < 0.01$）和任务取向（$\beta = 0.267$，$p < 0.01$）均正向预测自评成绩。另外，课堂参与的预测作用比任务取向的预测作用大。与学生凝聚力、教师支持和学生间合作一样，课堂探究、学生间平等对自评成绩的预测作用没有达到显著水平。多重共线性诊断结果显示容忍度均大于 0.1，方差膨胀系数均小于 3，因此各变量之间存在共线性的可能极小。

表 4　课堂环境各维度对自评成绩的共同预测作用

| 回归方程 | | 拟合参数 | | | 系数 | | | B 的 95% 置信区间 | 多重共线性 | |
预测变量	结果变量	R	调整后的 R^2	F	β	B	t		容忍度	方差膨胀系数
学生凝聚力					0.012	0.034	0.475	[−0.106, 0.173]	0.847	1.181
教师支持					−0.045	−0.091	−1.400	[−0.220, 0.037]	0.553	1.807
课堂参与					0.297	0.712	8.335***	[0.545, 0.880]	0.441	2.269
课堂探究	自评成绩	0.462	0.200	54.446***	−0.054	−0.116	−1.703	[−0.250, 0.018]	0.560	1.784
任务取向					0.267	0.600	9.141***	[0.471, 0.728]	0.655	1.527
学生间合作					−0.005	−0.010	−0.155	[−0.136, 0.116]	0.568	1.759
学生间平等					0.057	0.103	1.861	[−0.006, 0.211]	0.595	1.682

注：*** $p < 0.01$；β 是标准化系数，B 是未标准化系数。

5　分析与讨论

5.1　课堂环境各维度与英语成绩的相关性

由表 2 可知,学生凝聚力与教师支持、课堂参与、课堂探究、任务取向、学生间合作、学生间平等均具有显著的正相关关系,表明感受到同学间相互支持与帮助越多的学生,越容易感受到英语教师的帮助和关心,参与英语课堂活动的程度越高,运用探究去解决英语问题的程度越高,树立英语学习任务的明确度越高,通过合作完成英语任务的程度越高,学生感受到英语教师平等对待自己的程度越高。

学生凝聚力与真实成绩之间的显著正相关关系说明,学生间相互支持与帮助的程度越高,学生的英语成绩就越好。这与以往的研究结果(Goh & Fraser,1998;Chionh & Fraser,2009)相吻合,同时,本研究在英语情境下验证了学生凝聚力对真实成绩的积极作用。学生凝聚力与自评成绩也呈显著正相关,说明学生间相互支持与帮助的程度越高,学生学习英语的信心就越强。

教师支持与课堂参与、课堂探究、任务取向、学生间合作、学生间平等均具有显著的正相关关系,表明学生更多地感受到英语教师的帮助和关心时,他们越会参与英语课堂活动,越会运用探究去解决英语问题,越明确英语学习任务,越会通过合作完成英语任务,学生越能感受到英语教师平等地对待自己。Yin 等(2020)在针对中国大学高等数学课堂的研究中也有相似的发现,即不同学科背景下教师对学生的支持对学生间合作都具有重要意义。

教师支持与真实成绩呈显著正相关,说明学生更多地感受到英语教师的帮助和关心时,他们在英语考试中也表现得越好。这与以往的研究结果(Chionh & Fraser,2009;Li&Dawaele,2021)一致。教师支持与自评成绩亦呈显著正相关,说明学生越多地感受到英语教师的帮助和关心时,学生学习英语的信心就越强。

课堂参与和课堂探究、任务取向、学生间合作、学生间平等均具有显著的正相关关系,这表明学生课堂活动参与度越高,其运用探究去解决英语问题的程度越高,具有明确的英语学习任务的程度越高,通过合作完成英语任务的程度越高,学生感受到英语教师平等对待自己的程度越高。

课堂参与和真实成绩呈显著正相关,说明学生越多地参与英语课堂活动,学生的英语学习成绩就越好。此结果支持了以往的研究(如 Chionh & Fraser,2009)。课堂参与和自评成绩也是呈正相关,说明学生参与英语课堂活动的程度越高,学习英语的信心就越强。这一点不难理解，当学生主动参与课堂的各项讨论和活动，勇于用英语发表自己的观点和看法，学生自然而然就会增强学习英语的信心。

课堂探究与任务取向、学生间合作、学生间平等均具有显著的正相关关系，表明学生运用探究去解决英语问题的程度越高，其英语学习任务的目标清晰程度越高，通过合作完成英语任务的程度越高，学生感受到英语教师平等对待自己的程度越高。

课堂探究和真实成绩呈显著正相关，说明学生运用探究去解决英语问题的程度越高，其在英语考试中表现越好，学习英语的信心就越强。此结果与 Wolf 和 Fraser（2008）对物理课堂环境的研究结果一致，说明在外语课堂环境下，学生探索、发现与解决问题的能力会对学科成绩产生影响。课堂探究和自评成绩亦呈显著正相关，说明学生运用探究去解决英语问题的程度越高，其学习英语的信心就越强。

任务取向与学生间合作、学生间平等均具有显著的正相关关系，表明学生的英语学习任务越清晰，其通过合作完成英语学习任务的程度越高，感受到英语教师平等对待自己的程度也越高。

任务取向和真实成绩呈显著正相关，这与之前的研究（Goh & Fraser，1998；Wolf & Fraser，2008；Chionh & Fraser，2009）是一致的，说明学生完成英语学习任务的程度越高，学习成绩就会越好。任务取向和自评成绩之间的正相关关系说明，越好地完成英语学习任务的学生，学习英语的信心越强。

学生间合作与学生间平等具有显著的正相关关系，表明学生通过合作完成英语任务的程度越高，越能感受到英语教师平等地对待自己。学生间合作和真实成绩呈显著正相关，Chionh 和 Fraser（2009）在研究地理和数学课堂环境与成绩的关系时，也得出了类似结果，验证了在二语情境下，学生通过合作完成英语任务的程度越高，其在英语考试中表现得就越好。学生间合作和自评成绩呈显著正相关，说明学生通过合作完成英语任务的程度越高，其对英语学习的信心越强。

学生间平等和真实成绩呈正相关关系，这与 Wolf 和 Fraser（2008）在实验室课堂环境下的研究结果一致，表明学生感受到英语教师平等对待学生的程度越深，英语考试成绩就越高。学生间平等亦与自评成绩呈显著正相关，这表明感受到教师平等对待自己的学生在英语学习过程中更容易具有学习英语的信心。

真实成绩与自评成绩之间的正相关关系表明，在考试中表现更好的学生对自己的英语水平更加自信，以往的研究（Li，2020；Li & Dawaele，2021；李成陈，2020）也得出过类似的结论。

5.2　课堂环境各维度对英语成绩的共同预测作用

研究发现，课堂参与、课堂探究、任务取向和学生间平等均能显著预测真实成绩。其中，课堂参与、任务取向和学生间平等均能正向预测真实成绩，而课堂探究则能负向预测真实成绩。另外，课堂参与的预测作用比课堂探究、学生间平等和任务取向的预测作用更大。在英语课堂上，学生的参与度越高，完成英语学习任务的程度越高，英语教师平等对待学生的程度越高，学生运用探究去解决英语问题的情况越少，学习的英语成绩就越好。课堂参与对真实成绩有预测作用，这与孙云梅（2009），以及Chionh和Fraser（2009）的研究结果吻合，说明无论在中等教育阶段还是在初等教育阶段，无论在外语课堂还是在非外语课堂，学生在课堂上的高度参与都对学业成绩的提高有积极作用。在课堂参与活动中，学生得到了语言输出的机会（Krashen，1985；任庆梅，2018），锻炼了自己的语言能力。因此，二语教师应多设计一些学生感兴趣的活动来激发学生参与课堂的热情，学生也要充分利用机会，增强主动性，主动融入各项活动。

任务取向对真实成绩有正向预测作用，这与Chionh和Fraser（2009），以及刘丽艳和刘永兵（2012）的研究结果是一致的，说明对英语学习任务有明确认知的学生能够有效提高英语成绩。教师应该发挥自身在帮助学生树立英语学习目标、有效完成学习任务中的作用。二语学习者要按照计划和目标保质保量完成学习任务，这样才能提高学习成绩。

学生间平等对英语考试成绩也具有积极的预测作用，该结果与Wolf和Fraser（2008）、Chionh和Fraser（2009）的研究结果一致，说明在不同学科和课堂环境下，教师不能有意或无意地偏爱某类学生，要平等公正地对待每一位学生，让学生感受到被重视，才能实现"亲其师，信其道"。因此，二语教师在课堂上要注意给予学生相同程度的回应或者帮助，不能厚此薄彼。

课堂探究对英语成绩具有负向预测作用，学生运用探究解决英语问题的程度越高，成绩反而越差。这一结果与Wolf和Fraser（2008）的研究结果不一致，他们没有发现课堂探究对成绩的显著预测作用。这可能是与学科特性和教学方法有关。有的学校在英语教学中强调应试导向，导致学生不需要花太多时间去发现问题和探究问题的答案，相反，如果他们探究问题的程度较深，就会耽误学习其他知识点的时间和精力，因而英语成绩也会变差。

研究发现，课堂参与和任务取向均能显著正向预测自评成绩。而且，课堂参与的预测作用比任务取向的预测作用更大，这可能是由于课堂参与的途径更加多样，回答问题、参与讨论等方式都能提高学生的课堂参与度,而任务取向更多地需要英语教师对课程目标有更加清晰的认知并对学生加以引导,以此来增强学生对任务目标的明确度。

5.3 局限性与启示

本研究有一些局限性。首先,我们的研究本质上是截面性和相关性的,因此不足以建立因果关系,未来的研究者可以通过历时研究设计,进一步探索课堂环境各维度与英语成绩之间的因果关系。其次,我们没有对此研究进行试点。未来的研究可以进行试点,以优化研究设计并获得更可靠的数据。再次,问卷调查可能会出现社会期望偏差。未来的研究应该对数据源进行三角测量,以提高结果的可靠性。最后,基于当前样本的研究结果可能不适用于其他外语语境。本研究样本均在中国华东地区,因此可能对其他国家或地区的课堂环境与成绩研究不太适用。

尽管存在一些局限性,但本研究结果对二语教师、学习者和研究人员都有一定的启示。

首先,二语教师应了解积极的课堂环境尤其是课堂参与和任务取向在增强学生学习外语的信心以及帮助他们取得更高的学习成绩方面的重要作用。学生在学习外语的过程中,不可避免地会遇到各种困难(李成陈,2018)。如果二语教师能够设计更多丰富有趣的活动,吸引学生融入课堂,会有助于培养学生学习外语的信心,使他们在外语学习上更上一层楼;教师在布置任务时,要注意把控任务难度和数量,使任务与课程目标相契合,因材施教,让每一位学生都能明确任务并提高任务的完成度;教师要平等公正地对待每一位学生,这对激发学生学习英语的积极性有着至关重要的作用。学生间存在着个体差异,但是每一位学生都需要教师的理解、帮助、鼓励、赞许和尊重。

其次,外语学习者也应充分发挥学习的主动性,多参与课堂讨论活动,享受学习英语的乐趣,体验参与课堂活动的荣誉感与成就感(韩大伟,邓奇,2014),这样才能逐步增强自信心,提高英语成绩。学生在英语课堂上要明确任务要求,对教师布置的任务要做到心中有数,只有目标清晰,才能提高学习效率,提高英语成绩,增强学习英语的信心。

最后,关于课堂探究对考试成绩的负向预测作用,本研究只是做出了初步的探索,未来的研究者可以在其他教育背景下或利用其他方法研究两者之间的复杂关系,以期得到更多成果。

6 结语

本研究考察了我国高中英语学习者课堂环境各维度和英语成绩之间的关系,量化的数据和结果突出了课堂参与在提高学生英语考试成绩与增强学生学习英语信心方面的积极作用,学生在英语课堂中的参与感越强,其英语成绩就越高,学习英语的信心也越强。这也增强了课堂环境等心理因素在二语习得领域的解释力,丰富了中等教育阶段的实证研究。同时,研究成果为二语教师提供了改善课堂环境的方向,对二语教师帮助学生提高学习效果和增强学习信心有着指导作用。未来的研究可在其他语言课堂环境下研究课堂环境与学业成绩的复杂关系。

参 考 文 献

[1]Aldridge J M, Fraser B J, Huang T-C I. Investigating classroom environments in Taiwan and Australia with multiple research methods[J]. The Journal of Educational Research, 1999, 93(1):48-62.

[2]Chionh Y H, Fraser B J. Classroom environment, achievement, attitudes and self-esteem in Geography and Mathematics in Singapore [J]. International Research in Geographical and Environmental Education, 2009, 18(1):29-44.

[3]Cohen J. Statistical Power Analysis for the Behavioral Sciences[M]. New York: Academic Press, 2013.

[4]Dörnyei Z, Ryan S. The Psychology of the Language Learner Revisited[M]. London and New York: Routledge, 2015.

[5]Fisher D L, Fraser B J. Validity and use of the classroom environment scale [J]. Educational Evaluation and Policy Analysis, 1983, 5 (3): 261-271.

[6]Fraser B J, Fisher D L, McRobbie C J. Development, validation and use of personal and class forms of a new classroom environment instrument[C]. Paper to be presented at the annual meeting of the American Educational Research Association (AERA), New York, 1996.

[7]Fraser B J, Giddings G J, McRobbie C J. Assessing the climate of science laboratory classes [R/OL]. [1992-05]. https://files. eric. ed. gov/fulltext/

ED369657. pdf.

[8]Fraser B J, Treagust D F, Dennis N C. Development of an instrument for assessing classroom psychosocial environment at universities and colleges[J]. Studies in High Education, 1986, 11(1): 43-54.

[9]Fraser B J, Treagust D F. Validity and use of an instrument for assessing classroom psychosocial environment in higher education[J]. Higher Education, 1986 (15):37-57.

[10] Fraser B J. Individualised Classroom Environment Questionnaire [Z]. Melbourne: Australian Council for Educational Research, 1990.

[11] Gascoigne C. Toward an understanding of the relationship between classroom climate and performance in postsecondary French: An application of the Classroom Climate Inventory[J]. Foreign Language Annals, 2012, 45(2):193-202.

[12] Goh S C, Fraser B J. Teacher interpersonal behaviour, classroom environment and student outcomes in primary mathematics in Singapore [J]. Learning Environments Research, 1998, 1(2):199-229.

[13] Joe H-K, Hiver P, Al-Hoorie A H. Classroom social climate, self-determined motivation, willingness to communicate, and achievement: A study of structural relationships in instructed second language settings [J]. Learning and Individual Differences, 2017(53):133-144.

[14]Krashen S D. The Input Hypothesis: Issues and Implications[M]. Oxford: Longman Press, 1985.

[15]Kumala T D. The correlation between classroom environment, language anxiety, and grade nine students' English achievements [D]. Surabaya: Widya Mandala Catholic University Surabaya, 2015.

[16]Lewin K. Principles of Topological Psychology[M]. New York: McGraw-Hill, 1936.

[17] Li Chengchen, Dewaele J-M, Jiang Guiying. The complex relationship between classroom emotions and EFL achievement in China[J]. Applied Linguistics Review, 2020, 11(3): 485-510.

[18]Li Chengchen, Dewaele J-M. How do classroom environment and general grit predict foreign language classroom anxiety of Chinese EFL students[J]. The Journal for the Psychology of Language Learning, 2021, 3(2): 86-98.

［19］Li Chengchen，Huang Jian，Li Banban. The predictive effects of classroom environment and trait emotional intelligence on foreign language enjoyment and anxiety［J］. System，2021（96）:1-11.

［20］Li Chengchen. A positive psychology perspective on Chinese EFL students' trait emotional intelligence，foreign language enjoyment and EFL learning achievement［J］. Journal of Multilingual and Multicultural Development，2020，41（3）:246-263.

［21］Moos R H. The Social Climate Scales:An Overview［M］. Palo Alto:Consulting Psychologists Press，1974.

［22］Seligman M，Csikszentmihalyi M. Positive psychology:An introduction［J］. American Psychologist，2000，55(2):5-14.

［23］Teh G P L，Fraser B J. An evaluation of computer assisted learning in Geography in Singapore［J］. Australian Journal of Education Technology，1994，10（1）:55-68.

［24］Walberg H J，Anderson G J. Classroom climate and individual learning［J］. Journal of Educational Psychology，1968(59):414-419.

［25］Wei Hongjun，Gao Kaixuan，Wang Wenchao. Understanding the relationship between grit and foreign language performance among middle school students:The roles of foreign language enjoyment and classroom environment［J］. Frontiers in Psychology，2019(10):1-8.

［26］Wolf S J，Fraser B J. Learning environment，attitudes and achievement among middle-school science students using inquiry-based laboratory activities［J］. Research in Science Education，2008，38(3):321-341.

［27］Wubble T，Levy J. Do You Know What You Look like?:Interpersonal Relationships in Education［M］. London:Falmer Press，1993.

［28］Yin Hongbiao，Shi Lian，Tam W W Y，et al. Linking university Mathematics classroom environment to student achievement:The mediation of Mathematics beliefs［C］. 2020 Annual Meeting of American Educational Research Association，2020.

［29］韩大伟，邓奇.大学英语课堂环境评价与效能建构的实证研究［J］.外语电化教学，2014(4):44-50.

[30]江桂英,李成陈.积极心理学视角下的二语习得研究述评与展望[J].外语界,2017(5):32-39.

[31]李成陈.积极心理学视角下的二语习得研究:回顾与展望(2012—2021)[J].外语教学,2021,42(4):57-63.

[32]李成陈.积极心理学视角下中国学生情绪智力、课堂情绪及英语学习成绩研究[D].厦门:厦门大学,2018.

[33]李成陈.情绪智力与英语学业成绩的关系探究——愉悦、焦虑及倦怠的多重中介作用[J].外语界,2020(1):69-78.

[34]刘丽艳,刘永兵.高中英语课堂环境与学习成果的关系研究[J].外语教学理论与实践,2012(4):76-82.

[35]任庆梅.大学英语有效课堂环境构建及评价的影响机制[J].外语教学与研究,2018,50(5):703-714+800.

[36]孙云梅.大学英语口语课堂环境调查——一项基于学习者心理感知的实证研究[J].高等教育研究,2009(5):71-77.

[37]文秋芳.构建"产出导向法"理论体系[J].外语教学与研究,2015(4):547-558.

通信地址： 430074　华中科技大学外国语学院

陈高邈(chengaomiao@hust.edu.cn)

中国大学生外语学习倦怠及其与学业成绩的相关性研究

华中科技大学外国语学院　张梦媛　冯学芳

摘　要：为了探索影响中国大学生外语学习倦怠的主要因素以及外语学习倦怠和学业成绩之间的相关情况，本研究采用李成陈等（2021）翻译的马斯拉奇学生学习倦怠量表（MBI-SS）中文版本，并进行适当修改，以 102 名中国非英语专业大学生为研究对象，调查了中国大学生英语学习倦怠量表的结构以及倦怠心理对学业成绩的预测作用。结果显示，中国大学生在外语学习中普遍持有倦怠情绪，总体处于中等水平；外语学习倦怠包括情绪耗竭和学业疏离两个维度，这两个维度均能负向预测考试成绩，并且情绪耗竭的负向预测作用更大。

关键词：外语学习倦怠；情绪耗竭；学业疏离

A Study on Foreign Language Learning Burnout among Chinese EFL Students and Its Correlation with Learning Achievement

Abstract：To explore the causes of foreign language learning burnout among Chinese university students and the correlation between burnout and English test scores, this study makes slight adaptation of Maslach Burnout Inventory-Students Surveys （MBI-SS） translated by Li, et al. （2021）, and investigates the construction of foreign language learning burnout among 102 non-English major students who study English in China. Its predictive effects on English test scores are also investigated. The major findings are as follows. Foreign language learning burnout was common among Chinese students and stood at middle levels in general. In addition, foreign language learning burnout was a two-dimensional construct including exhaustion and cynicism, which had negative predictive effects on English test scores. Of the two factors, exhaustion was the dominant negative predictor for test scores.

Key words：foreign language burnout; exhaustion; cynicism

1　引言

"倦怠"（burnout）作为心理学概念，由心理学家 Freudenberger 在 1974 年提出，用来指消极、散漫的心理状态或态度（Freudenberger,1974），这个概念在职业心理研究领域得到广泛应用。该概念最初形容医生、护士、律师等服务行业人员面对顾客和病人时体验到包括情绪衰竭在内的消极心理状态（Maslach，1976），随后逐渐扩展为对其他职业领域中职业群体的心理描述，如制造业、IT业、军队等（Maslach et al.，2001；Hobfoll，1989）。随着工作领域倦怠研究的加深，很多学者开展了倦怠在学习领域的研究。从心理学的角度来说，学生学习的过程在情感和行为上都可被看作从事某种"工作"，因为要达到考试目标，学生需要完成包括上课、写作业和考试等强制性任务（Schaufeli & Taris，2005），从理论上来讲，学习中的倦怠应该与工作中的倦怠有相通之处，也值得关注和研究。

"倦怠"心理在全日制学生中普遍存在（McCarthy et al.，1990；Schaufeli et al.，2002a），并渗透到学生学业表现和社会行为的方方面面，成为影响身心健康、造成学业成绩失衡的前兆（Hu & Schaufeli，2009）。Li Chengchen 等人（2021）研究发现，学习倦怠对学习投入、动机、学业成就和自我管理有较大影响，还可能与其他负面学习情绪共同出现。Koutsimani 等人（2019）发现，倦怠情绪与焦虑、抑郁呈中度正相关。此外，已有研究发现造成倦怠的因素包括无效的学习策略、过度担心考试分数（Boudreau et al，2004）、过大的心理压力（Hui-Jen & Cheng，2004）等。多数学者认为长期存在的消极心理可能会导致其他严重的问题，因为倦怠情绪与学生辍学率（Dyrbye et al.，2010；Koeske & Koeske，1991）、生理和心理困扰（Watson et al.，2008）和自杀意念（Dyrbye et al.，2008）密切相关。在中国，一些大学生面临繁重的学业任务、复杂的人际关系以及潜在的就业压力，容易产生消极心理，对在校大学生学习倦怠的研究有利于帮助他们调节学习情绪，改善学习效果，促进大学生学业目标的实现。

2 文献综述

在二语习得（Second Language Acquisition，SLA）领域，积极心理学（Positive Psychology，PP）研究发展迅猛。拓展-建构理论（broaden-and-build theory）是积极心理学的奠基理论，它在区分积极情绪和消极情绪的基础上，指出两种情绪的不同功能。积极情绪帮助拓展个体的短期思维-行动资源，这些短期资源随时间积累能帮助个体构建认知、动机、心理等，而消极情绪会限制思维-行动资源储存，两种情绪之间还存在动态关系（Fredrickson，2001）。另外，Pekrun（2006）提出了控制-价值理论（control-value theory），依据效价、活跃度及指向目标三个维度构成的框架定义学业情绪。按照这个定义，无聊应该属于一种负性、低唤醒度、过程型的情绪。控制-价值理论强调,积极的学业情绪对学业成就有增强作用,消极的学业情绪会限制学习者的认知和动机,削弱学业成就;学习者的情绪、学习过程和学业成就之间存在双向互动关系。控制-价值理论既能解释情绪如何产生、有何影响,也能描述情绪与影响因素之间的关系,因此该理论具有很大的实际应用潜力(李成陈,2020)。在该理论的影响下,外语学习愉悦、焦虑和无聊成为学者关注的话题,但少有学者关注外语学习倦怠情绪。

学习倦怠的测量对于学业情绪的研究至关重要,但是目前很多学者对学习倦怠情绪量表的结构还存在一些争议。Schaufeli 等学者选取学生为研究对象,进行学业场景化处理,编制了学生学习倦怠量表 MBI-SS(Maslach Burnout Inventory-Students Surveys)(Schaufeli et al.,2002b)。此量表中的 15 个题项改编自倦怠通用量表 MBI-GS(Maslach Burnout Inventory-General Survey)(Schaufeli et al.,1996),并沿用 MBI-GS 三因子模型,划分出了情绪耗竭(exhaustion)、学业疏离(cynicism)和学业效能感(academic efficacy)三个维度。其中,情绪耗竭是指学生学习过程中身体和精神上感受到的疲倦,包括"学习使我心力交瘁"等 5 个题项;学业疏离包含 4 个题项,表示学生面对学业表现出疏远、漠不关心的态度,如"我怀疑学习的重要性";学业效能感维度采用了正向表述,用于测评学生对待学习状态的满意程度,包含"达到学习目标时,我会受到鼓舞"等 6 个题项。前两个维度得分越高,第三个维度得分越低,学生学习倦怠程度就越高。MBI-SS 量表的三因子模型在不同的研究中都显示出了稳定性,如在针对荷兰、西班牙和葡萄牙学生的研究中,因素效度良好(Schaufeli et al.,2002a),其有效性在部分中国学生中也得到了证实。但是,MBI-GS 三因子模型的效果也受到了一些质疑。这些质疑主要体现在两个方面。一方面,前两个维度采用消极表述,而第三个维度为积极表述,这可能会导致倦怠量表在不同维度的测量结果存在差异。另一方面,不同的年龄、国家、社会文化背景等因素应该会导致倦怠量表因子的不同划分,事实上,MBI-SS 在不同层次的中国学生中测量效果并不相同(Hu & Schaufeli,2009),所以该量表在中国学生学习倦怠心理研究中的有效性还有待进一步验证。

为数不多的实证研究探讨了倦怠情绪对学业表现的影响,但结果不一。Schaufeli 等(2002b)发现学业表现与情绪耗竭、学业疏离间存在负相关关系,而与学业效能感存在正相关关系,且负相关关系较弱;李成陈等(2022)在学业效能感维度采用负向描述,发现三个维度均负向预测学业成绩且无差异。而 Salanova 等(2010)研究发现,学习倦怠不能预测学业表现,两者之间不相互影响。由于倦怠情绪以特定的情景或领域为导向,出现在某段时间或特定学科中,所以倦怠研究往往与特定学科结合,而外语学习环境下的学习倦怠研究刚刚起步，缺乏探讨倦怠情绪对外语学习成绩影响的实证研究，这与外语学习的重要性极不相称，所以开展该方面的研究十分有必要。

综上所述，现有倦怠研究存在如下两点不足。其一，基于三因子模型的量表由于受到多种因素的影响，在测量效果上呈现出不一致性，所以需要有更多的实证研究来测试外语学习背景下倦怠量表维度的稳定性。其二，已有的对中国学生外语学习倦怠心理的研究均以中学生为研究对象，未考察大学生外语倦怠情绪水平及其与外语成绩的相关情况，也未深入探究倦怠量表各维度对外语成绩的预测效果和外语倦怠心理的成因，所以无法证实倦怠心理对外语学习的重要影响，也无法辨识造成这些影响的根本原因，因而不利于大学生倦怠心理的规避和克服。

鉴于此，本研究拟在借鉴、吸收已有研究成果的基础上，采取实证的方法检测MBI-SS量表在中国英语学习环境中的信度与效度如何，概括大学生外语学习倦怠的现状，探索外语学习倦怠包含哪些维度以及各维度之间的差异，探究各维度是否对英语考试成绩产生影响，进而探讨学生外语学习倦怠心理产生的原因。希望研究发现能够拓展和深化国内对外语学习心理的研究，为改善和促进大学生外语学习倦怠问题提供依据。本研究将回答如下问题：

① 中国大学生外语学习中的倦怠状况如何？
② 中国大学生外语学习倦怠情绪和学业成绩之间的相关情况如何？

3　研究设计

3.1　研究对象

本研究采用便利取样，以华北地区某211高校电气自动化专业大一年级108名学生为调查对象，被试的年龄范围为17～19岁（平均值18.60，标准差0.57）。被试借助问卷星平台在线上填写测试量表。由于问卷题项未作答无法提交，所有问卷都无缺失值。回收有效问卷102份，问卷回收率为94%。

3.2　测量工具

本研究采用的量表改编自马斯拉奇学生学习倦怠量表（MBI-SS），为避免因表述造成研究结果偏差，题项均使用了负面的措辞，表示学生英语学习倦怠的程度，因此本研究将原量表第三个维度命名为"学业效能感低落"（reduced academic efficiency）。与此同时，为使量表符合当前中国学生的英语学习环境，所有题项被重新表述，如"早晨起床时,想到新的一天又要面对英语,我会疲惫""学习英语让我感觉很筋疲力尽"等,最终形成了中国大学生英语学习倦怠量表(Maslach Burnout Inventory-EFL Student Survey)。本研究采用的问卷分为两部分:第一部分为个人信息,包括年龄、年级、专业;第二部分是主问卷,共包含 15 个题项,其借鉴了李成陈等(2021)翻译的中文版本并做适当修改,采用李克特(Liket)五级评分,从"完全不同意"到"完全同意"分别计为 1~5 分,得分越高,意味着学习倦怠程度越高。最后一个题项涉及学生本学期英语期末考试分数,共分为 60 分以下、60~69 分、70~79 分、80~89 分、90~100 分五个分数段,分别赋值 1~5 分。

3.3 数据分析

首先,借助 SPSS 24.0 对所得数据进行描述性统计分析。然后,通过探索性因子分析划分倦怠量表的主要因子,并通过独立样本 T 检验、相关性分析及多元 Logistic 回归,考察量表维度与学期英语考试成绩之间的相关关系。

4 研究结果

4.1 描述性统计结果

为展现我国大学生外语学习倦怠总体特征,本研究首先进行了描述性统计分析及正态分布检验,结果如表 1 所示。表 1 展示了外语学习者倦怠心理自我评估结果及外语考试成绩的情况。结果显示,被试外语学习倦怠处于中等偏上水平,说明外语学习倦怠情绪在大学生中普遍存在。学生外语成绩平均值为 2.94,表示外语成绩均值分布在第二个分数段 60~69 分之间。

表 1 大学生外语学习倦怠水平与成绩总体数值分布

观测变量	最小值	最大值	平均值	标准差	峰度(标准误差)	偏度(标准误差)
外语学习倦怠心理	1	5	3.10	1.14	−0.38 (0.47)	−0.16 (0.24)
学业成绩	1	5	2.94	1.17	−1.03 (0.47)	0.35 (0.24)

4.2 外语学习倦怠量表的结构

本研究主问卷题项数为15,样本数为102,符合探索性因子分析样本要求。题项之间相关系数均在0.3以上,有较强的相关性。项目分析比较两个极端组,即选取英语学习倦怠量表总得分前27%和后27%进行差异对比,决断值检验达到显著差异水平,各项目之间区分度良好,该量表所有题项适合后续分析研究。利用KMO和巴特利特(Bartlett)球形检验对因子分析适宜性进行检验,KMO检验值为0.836,巴特利特球形检验结果显著($p=0.000$),数据适合因子分析。接着,对本量表进行主成分分析,分析过程遵循以下要求:① 用极大方差法进行正交旋转分析,求得旋转因子负荷矩阵,因子负荷需大于0.5,特征根值大于1且符合碎石检验;② 每一因子至少包含3个及以上题项,删除在两个维度上载荷量高于0.5且差距不大的无效题项。因子分析保留的8个题项仅在单个维度上的载荷高于0.5,属于有效题项,通过效度检验并加以保留,如表2所示。删除7个题项之后,量表KMO值为0.860($p=0.000$),因子相关系数矩阵非单位矩阵,能够在提取最少因子的同时解释大部分方差,仍适合进行因子分析。探索性因子分析共提取到2个主成分,累计解释变异量为80.05%,方差解释率良好。本研究采用克朗巴哈系数(Cronbach's α)计算信度系数,总量表以及各维度的内部一致性信度系数均在0.7以上,表明本量表可信程度非常高,很好地达到了测量要求。

表2中的因子分析结果表明,该量表题项可以归为2个因子。因子1"情绪耗竭"反映学生在外语学习中出现精力减退、热情消散、情感资源耗尽等心理现象,包含Q1、Q2、Q3、Q4、Q5,共5个题项;因子2表示学生面对与英语相关的话题时采取冷漠、怀疑和疏离的态度,命名为"学业疏离",包括Q7、Q8、Q9,共3个题项。

表2 外语学习倦怠结构效度和信度分析表

外语学习倦怠		情绪耗竭	学业疏离
情绪耗竭	Q1	0.939	
	Q2	0.88	
	Q3	0.826	
	Q4	0.817	
	Q5	0.859	
学业疏离	Q7		0.775
	Q8		0.944
	Q9		0.934

外语学习倦怠		情绪耗竭	学业疏离
总方差解释变异量	80.05%	34.30%	45.75%
初始特征值		5.895	1.292
Cronbach's α	0.947	0.962	0.951

4.3 外语倦怠水平与考试成绩的相关情况

在问卷研究中,李克特量表数据一般被视为连续数值型变量,因此本研究采用皮尔逊(Pearson)相关性分析。表3呈现了不同题项、各个维度与总体之间的原始相关矩阵。结果显示,各题项与维度间呈显著正向相关关系,两个维度之间、维度与总体之间的正相关性显著,相关度高。然而,表4中该量表的两个维度、总体量表与期末考试成绩为负向相关关系,表明学生外语学习倦怠程度越高,外语考试分数可能就越低。其中,情绪耗竭与外语考试成绩负相关关系更大($r=-0.519$,$p<0.001$)。

多元 Logistic 回归以 $90\sim100$ 分这个分数段为参考类别,表5结果显示两个维度对不同分数段外语成绩有不同程度的预测作用。处在 $60\sim69$ 分分数段的学生情绪耗竭与学业疏离两个维度得分偏高,但两个维度对分数的预测作用都不显著($B=0.588$,瓦尔德$=2.416$,$p=0.120$;$B=0.402$,瓦尔德$=1.113$,$p=0.291$)。处在 $70\sim79$ 分这个分数段的学生可能由于情绪耗竭维度分数低导致考试分数低,而学业疏离维度未表现出负向预测成绩的作用,两者的预测作用都不显著($p=0.762$;$p=0.068$)。情绪耗竭维度在 $80\sim89$ 分这个分数段的预测值为负数,且负向程度显著($p=0.013$)。

表 3　各题项、各维度与总体的相关性矩阵

	情绪耗竭	Q1	Q2	Q3	Q4	Q5	学业疏离	Q7	Q8	Q9	总体量表
情绪耗竭	1										
Q1	0.941**	1									
Q2	0.919**	0.838**	1								
Q3	0.944**	0.871**	0.841**	1							
Q4	0.928**	0.839**	0.761**	0.874**	1						

续表

	情绪耗竭	Q1	Q2	Q3	Q4	Q5	学业疏离	Q7	Q8	Q9	总体量表
Q5	0.936**	0.852**	0.871**	0.815**	0.836**	1					
学业疏离	0.634**	0.474**	0.531**	0.651**	0.672**	0.616**	1				
Q7	0.697**	0.573**	0.599**	0.718**	0.713**	0.635**	0.912**	1			
Q8	0.575**	0.402**	0.479**	0.601**	0.618**	0.564**	0.980**	0.829**	1		
Q9	0.560**	0.399**	0.457**	0.561**	0.606**	0.574**	0.972**	0.970**	0.804**	1	
总体量表	0.939**	0.829**	0.840**	0.909**	0.908**	0.889**	0.861**	0.863**	0.813**	0.800**	1

注：* 表示 $p < 0.05$，** 表示 $p < 0.01$，下同。

表4　各维度与学业成绩的相关性矩阵

	总体量表	情绪耗竭	学业疏离	学业成绩
总体量表	1			
情绪耗竭	0.925**	1		
学业疏离	0.844**	0.634**	1	
学业成绩	−0.558**	−0.519**	−0.382**	1

表5　情绪耗竭与学业疏离对外语学习成绩的预测作用

分数区间	维度	B	标准误差	瓦尔德	自由度	显著性	Exp(B)	Exp(B)的95%置信区间 下限	上限
60~69分	情绪耗竭	0.588	0.378	2.416	1	0.120	1.801	0.858	3.781
	学业疏离	0.402	0.381	1.113	1	0.291	1.495	0.708	3.153
70~79分	情绪耗竭	−0.127	0.418	0.092	1	0.762	0.881	0.388	2.000
	学业疏离	0.759	0.415	3.337	1	0.068	2.136	0.946	4.822
80~89分	情绪耗竭	−1.061	0.427	6.166	1	0.013	0.346	0.150	0.800
	学业疏离	0.751	0.422	3.170	1	0.075	2.120	0.927	4.847

5 讨论

5.1 外语学习倦怠量表维度及倦怠水平

本研究在改编 MBI-SS 的基础上,探索了中国大学生英语学习环境中倦怠心理的特性,并将这些特性归因,划分出了情绪耗竭和学业疏离两个维度,从而说明了 MBI-SS 原始维度结构中两个维度有效、一个维度无效的结果。本研究量表维度与 MBI-SS 前两个维度几乎完全重合,而学业效能感低落并未作为单独的维度出现。这呼应了学者对 MBI 的研究发现,即前两个维度之间关联性强,代表了倦怠情绪的核心,但前两个维度与第三个维度关联性低(Schaufeli & Taris,2005)。有研究指出,第三个维度与情绪耗竭和学业疏离之间似乎存在平行关系,在倦怠情绪中可能以非维度形式呈现(Schaufeli & Salanova,2007)。关于职业心理的相关研究也证明了这一观点(Schaufeli et al.,2002a),即职业倦怠量表中第三个维度与前两个维度关联性低,甚至第三个维度是独立的,不应该成为该量表的一部分,也不应该用于衡量倦怠情绪(Schutte et al.,2000;Kristensen et al.,2005)。此结论在不同的职业中均得到了证实(Demerouti et al.,2001;Halbesleben & Demerouti,2005)。然而,有研究发现外语学习倦怠量表的第三个维度在高中生样本中信度、效度良好(Li et al.,2021),这说明学生倦怠量表结构基本稳定,但由于学生学习环境和语言水平不同,量表的第三个维度测量结果效度存在差异。

本研究结果不仅划分了外语学习倦怠量表的维度,而且展现了受试外语学习倦怠的总体水平,弥补了 MBI-SS 研究的不足(Kristensen et al.,2005)。根据外语学习倦怠情绪平均值、得分区间等信息,我们发现,中国大学生英语学习的倦怠水平偏高,高于李克特 5 级量表的理论中位数 3,同时也高于我国高中生平均外语学习倦怠水平。其中,情绪耗竭维度均值高于学业疏离维度均值,表明中国大学生更容易产生消极的自我判断,打消外语学习主动性,因而消耗自我情绪资源。因此我们可以推断,从高中到大学,随着年龄的增长,外语学习者倦怠水平升高、程度加深,严重消耗了学习热情。

5.2 倦怠水平与外语成绩的相关关系

上文中的相关性和回归结果表明,中国大学生外语学习倦怠的两个维度与外语成绩存在负相关关系,但这两个维度对不同分数段外语成绩的负向预测作用不一致。

其中，处在低分数段的学生两个维度得分均偏高，预测效果一致，而情绪耗竭对中高等分数段成绩有负向预测作用，且在高分数段中预测效果显著。学业疏离对不同分数段成绩的预测作用均无明显差异，且预测作用不显著。此结果说明在 MBI-SS 研究中，研究者们将情绪耗竭维度作为单独因子区分个人倦怠情绪的做法是有道理的（Wheeler et al.，2011）。此外，情绪耗竭维度得分均值明显偏高，学生普遍对情绪耗竭维度认同度高，容易在情感和认知体验层面出现疏远学习、消耗情绪资源的心理现象，这也被认为是学习负荷重的应激反应。据此可以推断，情绪耗竭可能是大学生外语学习倦怠情绪的主要表现，情绪耗竭程度越低，学生越有考试分数提高的趋势。

本研究揭示了中国大学生外语学习倦怠与英语成绩的负相关关系，这也呼应了关于我国高中生外语学习的研究发现（李成陈，2020；Li et al.，2021）。这些研究选取不同学习环境和语言水平的学生作为样本，共同说明了外语学习倦怠水平低的学生更可能取得较高的英语测试成绩，反之亦然。据此我们可以推断，外语课堂倦怠情绪可以跨越高等教育和基础教育的差异，并印证控制-价值理论，即消极的学业情绪会削弱学业成就（Pekrum，2006）。

5.3　外语学习倦怠情绪成因

在中国，外语教育备受社会重视，学生外语倦怠心理较为普遍，且水平较高，究其原因，可能主要有如下几点。

首先，外语学习要求高、压力大。学生除了完成繁重的专业课学习任务、克服课程学习难题之外，还要通过英语期末考试，以及全国大学英语四、六级考试，这要求学生按时完成常规的外语课堂学习任务，并在课后参与英语学习活动，例如英语角、英语补习班等（Li et al.，2021）。英语学习的这种高要求从学前班到大学教育体系中都存在，学生在这样的外语学习环境中，难免感觉无力，难免消耗热情。

其次，目前的大学英语课程设置和评估方式有待改善。近年来，一些高校在大学英语课程之外，还开设了语言学、跨文化交际、英语国家概况等选修类课程，这些课程与英语专业学生的课程日益趋同，对于非英语专业学生来说难度较大、收效甚微（肖雁，李民，2022）。此举未充分考虑到大学英语与英语专业课程设置的差异，与大学外语教学目标定位不符，还加大了学生学习外语的负担。

再次，中国的外语学习者缺乏使用外语的环境。大部分中国大学生使用外语局限在强制性输出语言的课堂任务和练习上，如口语课、听说课、写作课等，很少有学生能真正置身于英语语境中。这种英语学习体验可能会增加他们遭遇挫折和经历负面情绪的机会,让学生感觉无法用英语解决实际问题,质疑英语的重要性,贬低自我价值,并产生消极自我判断。

最后,在某种程度上,外语考试成绩成为满足学生社会期待的途径。教学质量、教师待遇、学校荣誉与学生成绩息息相关,社会期望、反哺家庭等传统文化中的观点也被投射到考试成绩上(Essau et al.,2008),因此,在少数学生看来,英语学习成绩不再是能力的体现,而成为学生背负层层压力、维护社会身份、满足他人期待的方式(Hu & Schaufel,2009)。长远来看,学生并不能从中寻求积极的自我价值,不利于提升个体幸福感,也不利于学业发展。

6 结语

本研究运用中国学生英语学习倦怠量表,调查了中国大学生外语学习倦怠水平,考察了英语学习倦怠与考试成绩的相关关系。总体上,大学生英语学习倦怠情绪普遍存在且水平较高。此外,本研究对一般教育情境下的大学生倦怠情绪因子进行归类,发现外语学习倦怠包含情绪耗竭和学业疏离两个维度,前者对外语成绩有显著预测作用。

本研究在形成了信度、效度良好的中文版量表的同时,通过探索外语学习倦怠和外语成绩之间的关系,证明了外语学习倦怠研究的必要性,进一步证实了倦怠概念的构建与学科领域和学习环境密切相关。但由于本研究样本量相对较小,选取的研究对象缺乏多样性,未通过验证性因子分析来测评该模型的拟合程度,也未能探讨其他因素对学业成绩的预测作用。因此,未来的研究可选取大样本作为研究对象,验证外语学习倦怠量表效度,深入探究各因素对外语学习倦怠的影响程度,进而验证控制-价值理论中的其他假说。此外,研究结果显示,大学生外语学习倦怠水平明显高于中学生,且情绪耗竭预测效果更显著。基于此研究结果,我们认为,大学教育工作者应关注不同分数段学生的情绪差异,用动态的观点看待外语学习倦怠,并设法减缓学生热情消退、消耗情绪资源的现象,将积极心理学与教学实践有机结合,探寻有效提高外语学习积极性的方法,营造积极的外语学习氛围,并给予适当的教学干预,促进学生的外语学习。此外,大学教育工作者还可以采取针对性措施改善大学生英语学习环境,在充分考虑学生学习情况差异的基础上,转变外语学习中以分数为导向的评估方法,如在大学英语课程中采用终结性评价和形成性评价相结合的考核方式,给予学生更有效的学习反馈,帮助学生积极学习。我们希望本研究能吸引更多学者关注外语学习情绪,朝着积极学习外语、师生全面发展的目标努力,携手推进外语学习环境优化。

参 考 文 献

［1］Boudreau D，Santen S A，Hemphil R R，et al. Burnout in Medical Students：Examining the Prevalence and Predisposing Factors during the Four Years of Medical School［J］. Annals of Emergency Medicine，2004，44(4)：S75-S76.

［2］Demerouti E，Bakker A B，Nachreiner F，et al. A Model of Burnout and Life Satisfaction amongst Nurses［J］. Journal of Advanced Nursing，2001，32(2)：454-464.

［3］Dewaele，J-M，Chen Xinjie，Padilla A M，et al. The Flowering of Positive Psychology in Foreign Language Teaching and Acquisition Research［J/OL］. https://www. frontiersin. org/articles/10. 3389/fpsyg. 2019. 02128/full.

［4］Dyrbye L N，Thomas M R，Massie F S，et al. Burnout and Suicidal Ideation among U. S. Medical Students［J］. Annals of Internal Medicine，2008，149(5)：334-341.

［5］Dyrbye L N，Thomas M R，Power D V，et al. Burnout and Serious Thoughts of Dropping out of Medical School：A Multi-institutional Study［J］. Academic Medicine，2010，85(1)：94-102.

［6］Essau C A，Leung P W L，Conradt J，et al. Anxiety Symptoms in Chinese and German Adolescents：Their Relationship with Early Learning Experiences，Perfectionism，and Learning Motivation［J］. Depression and Anxiety，2008，25(9)：801-810.

［7］Fredrickson B L. The Role of Positive Emotions in Positive Psychology：The broaden-and-build Theory of Positive Emotions［J］. American Psychologist，2001，56(3)：218-226.

［8］Freudenberger H J. Staff Burnout［J］. Journal of Social Issues，1974，30(1)：159-165.

［9］Halbesleben J R B，Demerouti E. The Construct Validity of an Alternative Measure of Burnout：Investigating the English Translation of the Oldenburg Burnout Inventory［J］. Work and Stress，2005，19(3)：208-220.

［10］Hobfoll S E. Conservation of Resources：A New Attempt at Conceptualizing Stress［J］. The American Psychologist，1989，44(3)：513-524.

［11］Hu Qiao，Schaufeli W B. The Factorial Validity of the Maslach Burnout Inventory-Student Survey in China［J］. Psychological Reports. 2009，105（2）：394-408.

［12］Hui-Jen Yang，Cheng Kiang Farn. An Investigation the Factors Affecting MIS Student Burnout in Technical-vocational College［J］. Computers in Human Behavior，2004，21(6)：917-932.

［13］Koeske G F，Koeske R D. Student "Burnout" as a Mediator of the Stress-outcome Relationship［J］. Research in Higher Education，1991(32)：415-431.

［14］Koutsimani P，Montgomery A，Georganta K，et al. The Relationship between Burnout，Depression，and Anxiety：A Systematic Review and Meta-Analysis ［J/OL］. https://www. frontiersin. org/articles/10. 3389/fpsyg. 2019. 00284/full.

［15］Kristensen T S，Borritz M，Villadsen E，et al. The Copenhagen Burnout Inventory：A New Tool for the Assessment of Burnout［J］. Work and Stress，2005，19(3)：192-207.

［16］Li Chengchen，Jiang Guiying，Dewaele J-M. Understanding Chinese High School Students' Foreign Language Enjoyment：Validation of the Chinese Version of the Foreign Language Enjoyment Scale［J］. System，2018(76)：183-196.

［17］Li Chengchen，Zhang L J，Jiang Guiying. Conceptualisation and Measurement of Foreign Language Learning Burnout among Chinese EFL Students ［J］. Journal of Multilingual and Multicultural Development，2021(1)：1-15.

［18］Maslach C，Schaufeli W B，Leiter M P. Job Burnout［J］. Annual Review Psychology，2001(52)：397-422.

［19］Maslach C. Burned-out［J］. Human Behavior，1976(5)：16-22.

［20］McCarthy M E，Pretty G M，Catano V. Psychological Sense of Community and Student Burnout［J］. Journal of College Student Development，1990，31(3)：211-216.

［21］Pekrun R. The Control-value Theory of Achievement Emotions：Assumptions，Corollaries，and Implications for Educational Research and Practice［J］. Educational Psychology Review，2006，18(4)：315-341.

［22］Robins T G，Roberts R M，Sarris A. The Role of Student Burnout in Predicting Future Burnout：Exploring the Transition from University to the Workplace［J］. Higher Education Research & Development，2018(37)：115-130.

［23］Salanova M，Schaufeli W，Martinez I，et al. How Obstacles and Facilitators Predict Academic Performance：The Mediating Role of Study Burnout and Engagement［J］. Anxiety, Stress and Coping, 2010, 23(1)：1-18.

［24］Schaufeli W B, Leiter M, Maslach C, et al. Maslach Burnout Inventory-General Survey［M］. Palo Alto, CA：Consulting Psychologists Press, 1996.

［25］Schaufeli W B, Salanova M, González-Romá V, et al. The Measurement of Engagement and Burnout：A Two Sample Confirmatory Factor Analytic Approach ［J］. Journal of Happiness Studies, 2002 (3)：71-92.

［26］Schaufeli W B, Salanova M. Efficacy or Inefficacy，That's the Question：Burnout and Work Engagement，and Their Relationships with Efficacy Believes［J］. Anxiety，Stress and Coping, 2007, 20(2)：177-196.

［27］Schaufeli W B, Taris T W. The Conceptualization and Measurement of Burnout：Common Ground and Worlds apart［J］. Work & Stress, 2005, 19 (3)：256-262.

［28］Schaufeli W B,Martínez I M,Pinto A M,et al. Burnout and Engagement in University Students： A Cross-national Study ［J］. Journal of Cross-cultural Psychology, 2002, 33(5)：464-461.

［29］Schutte N，Toppinen S，Kalimo R，et al. The Factorial Validity of the Maslach Burnout Inventory-General Survey across Occupational Groups and Nations ［J］. Journal of Occupational and Organizational Psychology, 2000, 73(1)：53-66.

［30］Watson R，Deary I,Thompson D，et al. A Study of Stress and Burnout in Nursing Students in Hong Kong：A Questionnaire Survey［J］. International Journal of Nursing Studies, 2008, 45(10)：1534-1542.

［31］Wheeler D L, Vassar M,Worley J A, et al. A Reliability Generalization Meta-Analysis of Coefficient Alpha for the Maslach Burnout Inventory ［J］. Educational and Psychological Measurement, 2011(71)：231-244.

［32］郭燕,徐锦芬. 非英语专业大学生英语学习焦虑多维度研究［J］. 外语界, 2014(4)：2-11.

[33]金艳. 大学英语评价与测试的现状调查与改革方向[J]. 外语界,2020(5):2-9.

[34]李成陈,韩晔. 外语愉悦、焦虑及无聊情绪对网课学习成效的预测作用[J]. 现代外语,2022(2):207-219.

[35]李成陈. 情绪智力与英语学业成绩的关系探究——愉悦、焦虑及倦怠的多重中介作用[J]. 外语界,2020(1):69-78.

[36]肖雁,李民. 新中国成立以来我国大学英语教育的演变与发展:阶段、特征及当下面临的主要问题[J]. 外语教学,2022(1):69-75.

[37]杨涛. 外语学习倦怠与动机关系研究[M]. 北京:科学出版社,2005.

通信地址：　430074　华中科技大学外国语学院

张梦媛(2039767024@qq.com)

冯学芳(fengxf@hust.edu.cn)

《低水平英语学习者的学术素养支架构建》述评

浙大城市学院外国语学院　　贾　娟

摘　要：已有的学术英语研究多关注学术英语语言本身或教师的学术英语能力培养，对实施学术英语的主体即英语学习者尤其是低水平英语学习者的关注较少。本文介绍的这本书《低水平英语学习者的学术素养支架构建》，从学术素养的本质入手，分析了目前高等学校在学术素养培养中遇到的内外交困的问题，指出应通过支架式教学来帮助低水平英语学习者提升学术素养。作者强调，支架式学术素养教学法的具体操作模式由教学思想和实践方式组成，不仅可用于课堂教学，还可在第二课堂的学生与教师的互动中实施。最后该书作者以海合会国家阿曼与利兹大学联合培养项目为案例展开论述，证明了这一教学方式的可行性和有效性。

关键词：低水平英语学习者；学术素养；支架式学术素养教学法；大学

A Study on *Scaffolding Academic Literacy with Low-Proficiency Users of English*

Abstract：The previous studies on English for Academic Purposes (EAP) focus more on the academic English language itself or the cultivation of teachers' academic English competence，but less on the subjects namely English learners who acquire academic English in class or after class，especially on the learners with low English proficiency. The book *Scaffolding Academic Literacy with Low-Proficiency Users of English* introduced in this paper starts with what academic literacy is in essence，then analyzes the difficulties such as "inside-outside problem" existing in the cultivation of academic literacy in colleges and universities ，and elaborates that scaffolding-based pedagogy can be adopted as a teaching method to help the low-proficiency learners in order to improve their academic literacy. The author of the book points out that the operation mode of the scaffolding academic literacy pedagogy consists of pedagogic theories and practice methods，which can be implemented not only in classroom teaching，but also in the interaction between students and teachers in the second classroom. Finally，the author of this book offers a case study of the joint training project between Oman (a GCC country) and the University of Leeds to prove the feasibility and effectiveness of this teaching pedagogy.

Key words：low-proficiency English learners；academic literacy；scaffolding academic literacy pedagogy；university

1 引言

自 20 世纪 80 年代以来,将英语作为教学媒介(English as a medium of instruction, EMI)开展学科教学的研究被称为学术英语(English for Academic Purposes,EAP)研究(蔡基刚,2018)。迄今为止,EAP 研究多关注学术语言特征、学术英语课程设置、学术英语教师培训等,对学术英语中的另一群体英语学习者,尤其是低水平的英语学习者的语言能力和学术素养培养的研究关注较少。

本文在介绍《低水平英语学习者的学术素养支架构建》(*Scaffolding Academic Literacy with Low-Proficiency Users of English*)这本书的基础上,对低水平学习者的学术素养培养进行了思考。该书是由 Simon Green 于 2020 年所著,对低水平英语学习者的学术素养培养提出了支架式构建具体方案,值得品读。该书以海湾阿拉伯国家合作委员会(Gulf Cooperation Council,GCC,简称海合会,其成员国为阿拉伯联合酋长国、阿曼、巴林、卡塔尔、科威特、沙特阿拉伯六国,是海湾地区重要的政治经济组织)国家接受高等教育学生的英语水平与他们进行学科学习所需要的学术素养和技能之间存在巨大的语言鸿沟这一现实情况为切入点,以学术素养相关研究理论为基石,以海合会国家阿曼与英国利兹大学联合培养项目为契机,针对这些低水平英语学习者学术素养的培养提出了支架式构建方案,并进行了验证,指出了这一方案的可行性和有效性。

2 旨在培养学生学术素养的支架构建

全书除简短的序言外,共六章,分为四个部分。第一部分简要介绍了该书的研究背景和研究内容。第二部分则分别从学术素养的概念、构建学术素养的支架方式、学术素养与语言交际能力的关系三个方面介绍了学术素养的培养内容和路径。第三部分以海合会国家阿曼和利兹大学本科项目为例,具体讨论了针对低水平英语学习者的学术素养支架构建形式。第四部分是对全书内容的总结。具体介绍如下。

第一章介绍了研究背景。海合会国家教育体系的共同特点是中小学教育以阿拉伯语进行,高等教育以英语进行。海合会国家为使学生适应这种强制性过渡,为即将进入大学的学生开设了为期一到两年的英语预科课程,但这些学生进入大学开始专业学习时,他们实际的英语水平仍然明显低于他们应对讲座、完成指定阅读和课程作业等所需的语言技能。换句话说，这种语言鸿沟严重限制了学生学术素养的发展，不利于学生的专业学习和专业能力的提升。

第二章描述了学术素养的本质。作者首先从社会实践的观点入手，指出学术素养位于学科体制和更宽泛的教育文化所定义的学术社区（academic community）内。不同学科的学生在特定学术社区内，需要掌握特定的体裁交际范式，以达到获取和分享知识的目的。其次，作者在总结了大学生学术素养的多模态交际实践类型和关键的学术素养实践范畴后，指出体裁在学术文本的产出和使用中处于中心地位；并从学生在学术实践中的不同身份入手（读者、听众、演讲者、作者等），明确了他们可能需要接触的与学科门类有关的一些主要体裁类型。学科体裁根植于特定的学术社区内，通过明晰学术社区的性质，确定了学术社区的基本特征。最后，依据不同学术社区的特点，作者指出了提升学生学术素养的三个主要知识类型：① 情境知识，指对所在学科背景、学术团体的精神和实践的理解；② 陈述性知识，指对学科知识在广度和深度上的掌握；③ 程序性知识，指对与学术英语能力有关的过程、修辞、语域和体裁的把握。以上三个知识类型为学生、教师和学术机构学术素养的培养范畴明确了目标，提供了参考。

第三章是对第二章的补充，重点介绍了以英语为媒介的高等教育机构在培养学生的学术素养时所面临的两个问题：第一个问题是应该培养哪些学生的学术素养，是否应该将英语水平低的学习者包含在内；第二个问题是应该怎样培养学术素养，即学术素养支架的构建应该强调哪些具体的方面。通过详细描述国际上以英语为媒介的中等、高等教育的例子，作者主张普遍的学术素养教学，应将英语水平低的学习者包括在内。其次，作者认为学术素养应涵盖在具体的学科教学内，在教学中要注重语境、体裁和修辞实践。具体来说，他认为接受学术素养教学应该是所有学生的一项普遍权利。目前高等教育机构基于学科特殊性的考虑，在学术素养的培养中，将学术英语读写与学科知识教学或研究分开进行，这使得语言专家（或 EAP 专家）很难感受到学术素养在学科知识表现上的本质，语言教师很难准确地描述学生在学科学习和实践中所面临的体裁、修辞等挑战，因此导致了一个内外交困（inside-outside problem）的问题。作者由此指出，目前许多大学中与学科有关的专门学术英语（English for Specific Academic Purposes，ESAP）教学并不能真正解决学科学习中所需要的英语素养培养问题，实际上许多大学仍采用通用学术英语（English for General Academic Purposes，EGAP）形式，尽管其主题和内容来自特定的学科领域，但并不是对学术社区内学科知识在语言传达上的真实描述。作者提出，要克服这种内外交困的问题，就需要语言学家与学科专家/教师之间开展合作。在该章中，作者还列举了一些大学曾尝试过的方法,指出明确的、有计划的课堂教学模式并不是学生们唯一需要的支架式帮助,教师与学生的日常互动也可以为许多英语水平低的学生提供必要的"支架"。

第四章是该书的重点,探讨了语言交际能力与学术素养的关系,这些内容在前面章节中是隐性存在的。作者首先回顾了语言交际能力的研究成果(Bawarshi & Reiff,2010),明确了学术素养的培养是以学生具备一定的语言交际能力为基础。在学生语言交际能力的评估方面,世界高等教育机构多参考欧洲语言共同参考框架(Common European Framework of Reference for Languages,CEFR,简称欧框),或雅思、托福成绩来评估国际学生的英语水平,以预测学生在学术环境中的语言使用情况。英美等国家高等教育机构要求国际学生达到欧框的 B2 或 C1 等级的英语水平,或最低雅思成绩达到 5.0 或 5.5 分,才可申请入学。对于大多数进入高等教育的海合会国家学生来说,他们的英语水平比英美等国家的国际学生水平更低,基本在欧框 B1 等级及以下或雅思 4.5 分及以下。为了帮助这些英语水平低的学生用英语开展学科学习,作者详细介绍了支架式学术素养教学法(scaffolding academic literacy pedagogy),其具体操作模式蕴含着以下教学思想和实践方式——高等教育内容和语言整合理论(Integrating Content and Language in Higher Education,ICLHE)。该理论认为在教学过程中,应将学科内容和语言学习相结合,创设真实的交际情景,让语言学习更自然、更顺畅,在这个过程中自然地提升学术英语水平和学术素养。该理论将语言交际能力与学术素养培养完美衔接,是学术英语教学中的一种支架方式。学科内写作思想(writing in disciplines,WID)是指根据具体学科的写作惯例、词汇和论述类型开展写作。由于存在学科差异,在对不同学科的学生给予支架式帮助时,要能因学科而异,要在已有学科的基础上,教授学生最典型的学科语言词汇、论述方式,给学生最直接的支架式帮助。可理解的语言输入理论(comprehensive input theory,CIT)是指因学生语言水平较低,应给予学生可理解的语言材料,因为不可理解的(incomprehensible)输入对于学生而言,只是一种噪音。这就要求任课教师为每个学生做独立的学生日志,精准把握学生现有的语言水平和输入的语言材料,给予学生可理解的语言支架式帮助。庇护式的教学思想(sheltered instruction,SI)倡导在教学的各环节使用不同的庇护策略,使专业性学科内容更容易被学生接受(August & Shanahan,2006),具体的庇护策略包含八个部分:课程准备、背景知识建立、可理解的语言输入、学习策略、互动、应用和实践的指导、授课中的反思、授课后的复习与评估。专门设计的学术教学思想(specially designed academic instruction,SDAI)指的是教师要为语言水平较差的学生设立专门的支架协助方案。支架式学术素养教学法主要围绕两项内容进行:一是包含语言意识的学科教学;二是扩展的学科课程教学。前者多关注课堂行为，后者多关注课后互动。作者认为，支架式学术素养教学法应将学术素养培养问题纳入学科教学的框架内。

第五章是案例陈述，主要介绍了英国利兹大学与阿曼教育部合作开展的研究项目的情况。该项目从 1999 年开始实施，至 2009 年结束，是海合会国家规模最大的合作项目，对阿曼教育系统产生了重大影响。该研究项目建立的教学组织为低水平英语学习者提供了支架式帮助，主要表现为以下两点。其一，它提供了无障碍的模块化输入功能，通过英语这个媒介，学生可以积极和建设性地参与学科的模块化内容构建。其二，它提供了精心构建的模块化输出服务，通常是 3000 字左右的书面作业的框架。作者通过学术英语素养获得发展的三个案例，以四种数据流（文本材料、常规辅导录音、口语日志和半结构化访谈结果）作为展示，探讨了教师与低水平英语学习者的语篇与人际互动，具体呈现了学术英语教学是如何为参与者的学术素养发展搭建支架的。这种方法产生的结果是，语言输入是可以访问的，语言输出是精心设计的。利兹大学与阿曼教育部的项目经验表明，针对低水平英语学习者的支架式学术素养教学法是可行且卓有成效的。

第六章是对全书内容的总结。作者回顾了全书的内容，揭示了学术素养概念的内涵，总结了为低水平英语学习者构建学术素养支架的方法，最后指出了该书对不同读者群的意义。

3　学术素养支架体系的启示

诚如作者在该书开篇中所指出的那样，用英语开展本科或研究生专业课程已是全球高等教育机构普遍采用的方式。因此，学术英语教学或理论研究受到了越来越多专家和学者的关注。在英美等国家，高等教育机构关注的主要问题并不是英语语言水平和学术素养水平的关系问题，这是因为这些国家的学生普遍把英语作为母语，学生在学科学习中也没有语言障碍，因此对于他们来说，语言并不会导致严重的学术素养问题。但这个问题在许多将英语作为第二语言或外语的国家，如我国，却真实且普遍地存在；这也是为什么国外的主要学术英语期刊更加关注将英语作为二语或外语的学术英语研究的原因。目前我国很多高校开展了以英语为媒介的专业课程教学，但较多学生的英语水平与用英语开展学科学习还有一些差距。该书立足于非英语国家学生语言水平与学科学习中学术素养要求的现实差距，涉及的问题真实地存在着；该书虽篇幅不长，但所谈内容厚重，值得深思。该书提出的学术英语教学中的几个关键问题令人振奋，对这些问题的独到见解和支架式教学方式的呈现,可以为我国的学术英语教学和研究提供思路。以下内容是对该书论及问题的简要介绍。

一是学术素养与学科学习的关系问题。在该书中,虽然海合会国家的高校招收的学生英语水平明显较低,但它们与西方大学的组织体系设置、学术分工非常相似,这突出地表现在海合会国家的高校复制了英美等国高校学科教学与学术素养教学之间的分离式的结构划分,即学分学位课程的教学仍然是物理、数学、社会学或其他学科教师的职责范围,这些教师专注于学科教学,而所有与语言学习有关的事项,以及在这些学科中构建和分享知识所涉及的素养实践,都由语言中心、基础技能单位、学习技能单位、写作中心或其他离散的学术支持单位负责。这种分离意味着语言和素养的讨论在学科课堂上没有立足之地。换句话说,如果学生遇到语言困难或发现学科的学习要求不透明,这些都不是学科教师要解决的问题,它们被理解为学生必须在学校提供的语言和读写能力的支持下应对的问题。该书挑明的这一问题,对所有学术英语从业者,尤其为将英语作为第二语言或外语国家的学术英语教师、学者提出了新课题,启发他们对课程设置重新进行思考。

二是如何为英语水平低的学生教授学科内容的问题。该书指出,在海合会国家的高等教育机构中,大多数进入本科一年级的学生都经历了他们已有的英语水平与他们进行学科学习实践(如听讲座)面临的语言挑战之间的结构性不匹配。在应对这一矛盾局面时,作者提供了两种方案,其中一种方案是系统地使用翻译或译语,即使用阿拉伯语来构建对英语的理解,或者用阿拉伯语有效地取代英语,并将阿拉伯语作为教学媒介。即便如此,作者同时指出,这并没有改变基本的现实,即高等教育机构需要以英语为媒介进行学科教学,参与国际竞争。因此,针对低水平英语学习者的学术素养构建的支架式教学仍无法避免,仍需要全面部署。在承认英语水平与学术素养相互依存的基础上,学术素养的支架构建可通过两个方面实现。首先,高等教育机构需要为学科教师提供语言意识培训。按照庇护指导观察协议(Sheltered Instruction Observation Protocol,SIOP)模式的大致思路,对语言输入分级和课堂互动修正的技巧进行系统培训,以便英语水平较低的学生能够适应课堂教学。这可能涉及翻译,但如果高等教育机构希望履行其将英语作为教学媒介的承诺,这种翻译也必须以英语开展。其次,高等教育机构需要扩大学科课程的范围。作者建议学科教学应与语言意识教学法相结合,学科教学应与学术素养教学相结合,为低水平英语学习者提供集中式和扩散式的教学训练,比如从课上到课下,从学科典型的语言规范到学科通用的语言提升,从集中教学到单独辅导,等等。需要指出的是,以上两点更加适用于低水平英语学习者,而对于英语水平能够顺利地进行学科学习的学生来说,教师提供的支架式帮助会更加注重创设真实的情境,将学科内容和语言学习相结合;更加注重为学生构建学科内最典型的学科语言特征和词汇、论述方式的支架。为不同水平的学生构建不同的支架式帮助涉及很多细节,读者不妨细读此书,并从中找到答案。

三是在学术英语框架下,高等教育机构应组建一支怎样的学术师资队伍的问题。作者指出,高等教育机构应努力培养一支具有足够强的学术英语意识和教学技能的学术师资队伍,教师能够为低水平学生进行必要的输入和交互修改,英语水平较低的学生能够接触到适宜的学科内容。高等教育机构可以把学术英语素养教学定位到学科课堂,并将其纳入学科课程评估范畴。学科教师应先将自己定义为学科"话语导师"。越来越多的学者意识到,试图将语言教学与素养教学分离是针对学生的教学暴力。在师资队伍内部强化对这一问题的理解是很有必要的。除此之外,学术英语教师还需要通过发起与学科教师的系统讨论来挑战这种分离。例如,不仅学术英语教师需要参加各高校的语言培训会议,以及各高校的语言中心或基础研究单位发起的学科素养会议,学科教师也应该多参加这些会议,学科教师和学术英语教师一起交流,双方积极改变理念,以制定共同的规则。

该书所提到的这些变化,是高等教育机构内部重大的结构创新,对大学组织、教师招聘、员工发展政策、学术工作和角色规范,以及大学内的学术文化具有广泛影响。但该书也存在一些不足。首先,书中提及的关于学术素养构建的大多数理论或方法的研究,多发生在英美等国高等教育机构的国际学生中,将这些理论或方法推广到更大范围的非英语国家学生的学术素养教学上,是否会取得同样好的结果,该书并未提及。其次,正如英美等国家有关学术素养培养的许多文献所显示的那样,国际学生和英语国家国内学生在学术素养方面的差距,为本国的学术英语教学带来了一场持续时间较长的挑战。只是英美等国家面临的语言差距问题可能不像海合会国家的高等教育机构所面临的问题那样尖锐。同样,许多非英语国家进行学术英语教学时都会面临语言鸿沟问题。作者在第五章仅以利兹大学与阿曼教育部项目的学生学术素养培养的成果为例,证明学术素养支架教学的情境性、及时性和有效性,似乎对全书的支撑作用稍显欠缺。当然,瑕不掩瑜,该书不仅为学术素养与语言水平的关系提供了连贯、清晰的解释框架,也为我们把握低水平英语学习者的学术素养培养支架、洞悉该领域的前沿态势提供了极具研究价值的参考。

4　结语

近年来,学术英语教学在我国发展迅速,学术英语教学已在很多高校进行(廖雷朝,2019)。很多高校开设了通用学术英语课程(廖雷朝,2019)。在我国,有学者调查了83所国内高校,发现仅有11所高校开设了专门学术英语课程,且7所高校将专门学术英语课程设为必修课程,4所高校将专门学术英语课程设为选修课程(廖雷朝,2019:51)。这表明实施专门学术英语课程教学的高校数量较少,离学生用英语有效开展专业学习和研究的培养目标相去较远(蔡基刚,2018)。在以英语为媒介的学科学习中,现有文献多陈述学科之间的差异,很少有文献关注低水平英语学习者学科学习过程中的学术素养培养的教学理论、教学模式,因此该书填补了这一空白。该书内容翔实,条理清晰,深入浅出,植根于与我国相似的二语/外语环境,将理论与实践相结合,是一部值得研究学术英语的学者、学术英语教学的实践者以及关注语言政策的行政管理者关注的好书。

参 考 文 献

[1]August D, Shanahan T. Developing Literacy in Second-Language Learners: Report of the National Literacy Panel on Language-Minority Children and Youth [M]. New York: Routledge, 2006.

[2]Bawarshi A S, Reiff M J. Genre: An Introduction to History, Theory, Research, and Pedagogy[M]. London: Parlor Press, 2010.

[3]Ray B. Style: An Introduction to History, Theory, Research, and Pedagogy [M]. London: Parlor Press, 2015.

[4]蔡基刚.中国高校实施专门学术英语教学的学科依据及其意义[J].外语电化教学,2018(2):40-47.

[5]廖雷朝.中国高校学术英语教学开展与课程设置调查[J].解放军外国语学院学报,2019,42(3):48-55+92.

通信地址: 310005 浙大城市学院外国语学院
贾 娟(jiajuan6818@163.com)

翻 译 研 究
Translation Studies

《尚书》英译本中时间词汇的翻译策略研究①

华中科技大学外国语学院　许明武　庞沁宜

摘　要:时间词汇是我国典籍中重要的文化载体之一,译者在翻译时需要考虑这些词汇包含的中国文化元素,还要顾及目的语读者的阅读习惯,保证译文的可接受性。本文选取《尚书》英译本中时间词汇的英译为研究对象,归纳译者对各类词汇采取的不同翻译策略和翻译方法,进而分析译者的文化价值取向。研究发现,译者理雅各同时采用了归化和异化的翻译策略,并且巧妙地运用了意译、仿译、现有对等翻译、直译和音译的翻译方法,这体现了他偏向"保留"的文化价值取向。理雅各的译文成功实现了中国古代时间文化的对外传播,具有很强的可读性,对促进中国典籍"走出去"起到了重要作用。

关键词:《尚书》;时间词汇;翻译策略;价值取向

On Translation Strategies of Time Terms in the English Version of *Shangshu*

Abstract: Time term serves as an important cultural carrier in Chinese classics. Translators should take into consideration both the Chinese culture of these terms and the reading habits of target readers, so as to improve the acceptability of translation. This paper selects the translation of time terms in *Shangshu* as the research object, aiming to summarize the translation strategies and methods applied to various terms and then analyze the translator's cultural value orientation. The study finds that the translator James Legge's strategy of domestication and foreignization and his specific methods, such as free translation, imitation, established equivalent translation, literal translation and transliteration, can indicate his preference for value orientation of preservation, which contributes to the spread of ancient Chinese time culture and the readability of his translation, and promotes Chinese classics to go abroad.

Key words: *Shangshu*; time terms; translation strategy; value orientation

　　为促进中学西传,1995 年,《大中华文库》(汉英对照)工程正式立项,旨在全面系统地向世界介绍中国文化典籍。该工程在构建典籍对外翻译话语、提升我国文化软

---

　　① 本文为教育部哲学社会科学研究重大课题攻关项目"古汉语英译大辞典编纂与数据库建设研究"(项目编号:21JZD049)子课题"古汉语词汇英译研究"的阶段性成果。

实力、对外传播中国文化方面起到了重要作用（王燕，李正栓，2020:53）。

《尚书》作为我国最早的一部历史文献汇编，记录了先秦时期的政治、军事、天文、地理、教育等内容。《尚书》被纳入了《大中华文库》，其英译本译者为英国汉学家理雅各。随着《尚书》英译本在西方国家广泛流传，《尚书》的英译研究逐渐受到国内学者的关注，他们从多元化的理论视角，从英译策略、译本比较、翻译述评、翻译史和外译研究、译者主体以及译本风格等方面展开深入研究（王藤蕊，熊德米，2021），目前已取得较为丰富的研究成果。事实上，《尚书》保留了大量先秦时期表示时间的词汇，本文以这些时间词汇及理雅各的译文为研究对象，解读译者的翻译策略及方法，分析译者的价值取向，以期对我国典籍中各类时间词汇的翻译有所帮助。

1　时间词汇及其翻译研究

先秦时期是汉民族时间观念成熟、时间词汇形成和发展的极为重要的历史时期（吴芳，2014:85）。根据词汇结构，这些先秦时间词汇可分为单音节时间词汇和复合时间词汇。单音节时间词汇主要包括时间名词、时间副词和时间关系词。时间名词有"旦""朝""晨""今""夙""夜""年""岁""四季""十天干""十二地支"等；时间副词有"既""历""延""乃"等；时间关系词则包含"自""终""至""于""遂""越"等。上述单音节时间词汇便是词根语素，参与构词，通过并合、契合、意合这三种复合关系（吴芳，2014），构成更多的复合时间词汇。以《尚书》为例，"世世""昧爽""甲子"分别属于并合关系中的同义并举、反义并提和连类而及这三种情形。在契合关系中，词根语素和其他语素（时间词/非时间词）相结合构成时间词汇，附加修饰性或限定性成分。《尚书》中的"闰月""正月""月朔"等为词根和时间词的组合。非时间词语素包括方位名词、代词、副词、介词、动词、形容词、数词、虚词、一般名词，如"后昆""寿者""每岁""于今""日月逾迈""日短""元日""其后""冲子"。意合关系的复合时间词汇是指用蕴含丰富想象的各种意象来描述时间，这种复合时间词汇较为抽象，可以体现人们认知能力的发展（吴芳，2014）。《尚书》中的"旁死魄""既生魄""哉生魄""哉生明"就是通过意象描摹时间，它们生动形象地刻画了月亮在不同时刻的不同形态。总的来说，在所有复合时间词中，契合关系由于生成简便，表意性强，数量最多；其次是完全基于时间语素的并列结构词汇；占比最小的则是由意合关系构成的时间词汇。

典籍中的时间词汇作为我国传统文化的一部分，具有深刻的历史文化内涵，它们既有别于中国现代时间表达法，也有别于其他语言文化中的时间表达法，因此，研究其翻译方法对文学典籍、文化典籍的翻译具有重要的指导意义(周薇,2011:145)。此外,译者的价值取向是典籍时间词汇翻译研究的另一个重心。古代纪时制度是中国典籍中的特殊文化元素之一,承载了中华文明的演变轨迹,翻译时既要考虑古今有别,又要顾及中外差异,常常涉及价值取向与文化认同问题(刘晓晖,朱源,2020:110)。韩南(2010)对时间词汇英译的研究表明,"保留"的价值取向使译者更偏向于在译文中向读者呈现"异域色彩",体现出译者对文化异质的认同态度,进而促进源语文化的对外传播;相反,若"同化"的价值取向占据主导地位,译者则会更多地选择符合目的语习惯的表达方式,注重情景胜过注重语言,以实现语言自然逼真的效果,体现了译者对行为结果(译文)相关文化的认同态度。事实上,译者的翻译方法与其价值取向联系密切,因为文化认同决定价值取向的形成,而价值取向支配人类行为(郑晓云,2018:3),因而译者的翻译行为可以体现译者的价值取向,因此在不同的价值取向和文化认同态度的指引下,译者对时间词汇的翻译策略和翻译方法会发生相应的变化。整体而言,目前典籍中时间词汇英译的研究并不多,其中一部分围绕文本,对翻译策略和方法进行分类汇总,如周薇(2011)对林语堂所译典籍中时间词汇的研究;而另一部分基于翻译行为,分析译者的文化价值取向,如刘晓晖和朱源(2020)对韩南所译清代小说中时间词汇的研究。

2 《尚书》英译本中时间词汇的翻译策略及方法

《大中华文库》中收录的《尚书》通行本共有 58 篇,包括《虞夏书》《商书》和《周书》。译者理雅各完成了《尚书》的翻译,并撰写了长篇导言,增添了丰富的注释,其译文具有较高的学术价值。根据张兰君(2021)对《尚书》中时间词汇的统计,笔者进行分类汇总,略作删改,最终得出 104 个时间词汇。通过对比分析,笔者认为理雅各采用了归化和异化的翻译策略,其中归化策略下的翻译方法有意译、仿译和现有对等翻译,异化策略下的翻译方法有直译和音译(见表 1)。

表 1 《尚书》中时间词汇的翻译策略和方法

翻译策略	翻译方法	数量	比例	
归化	意译	7	6.8%	13.5%
	仿译	2	1.9%	
	现有对等翻译	5	4.8%	

续表

翻译策略	翻译方法	数量	比例	
异化	直译	72	69.2%	86.5%
	音译	18	17.3%	
总计		104	100%	

2.1　归化

归化策略下，《尚书》中时间词汇的翻译方法主要有三种，即意译、仿译和现有对等翻译。

2.1.1　意译

意译是指以原文形式为标准，译文在表达形式上另辟蹊径（方梦之，2011：101），即根据原文的实际意义，改变语言表达形式，用目的语再现原文内容。熊兵（2014）将意译进一步分为释义法和套译法，前者是对原文进行解释性翻译，译文并非目的语的惯用语，而后者是利用目的语的惯用语解释原文。《尚书》中时间词汇的意译包含释义法和套译法（见表2）。

表2　《尚书》中意译的时间词汇

词汇	译文
旁死魄	the end of the moon's waning
既生魄	after the moon began to wane
哉生魄	when the moon began to wane
哉生明	at the first appearance of the moon
世世	future ages
昧爽	gray dawn/before it was light
昃	sundown

如表2所示，释义法主要运用于"旁死魄""既生魄""哉生魄"和"哉生明"。例如，"既生魄"指"上弦月到月望的一段时间"，"魄"是"月初出或将没时的微光"，其译文为"after the moon began to wane"，即"在月亮开始亏缺之后"，言简意赅。同样，"哉生明"的字面含义为"月亮开始发光"，意译为"at the first appearance of the moon"，即"在月亮第一次出现的时候"，译文解释原文，语言简练，有效实现了信息传递。"世世""昧爽"和"昃"则是用了套译法。"世世"指"累世"，为叠词形式，其译文变换为"形

容词＋名词"的词组搭配;"昧"意为"昏暗","爽"意为"明亮","昧爽"意译为"gray dawn"或"before it was light";"昃"意为"太阳偏西",其直译是"the westward move of the sun",译者选用"sundown"表示"日落"。这些套译法忠于原文的实际含义,但改变了原文的语言形式,使译文更契合目的语读者的阅读习惯,更容易为受众接受。

2.1.2　仿译

仿译也摆脱了原文表达形式的限制,译者既可以通过删减和浓缩,仅译出原文的大概含义或关键信息,或者选择性地译出某些信息,也可以通过增添和扩充,增译出比原文内容更多的信息(熊兵,2014:86)。《尚书》中有两个时间词汇使用了仿译法(见表3)。

表 3　《尚书》中仿译的时间词汇

词汇	译文
月正元日	on the first day of the first month (of the) next year
既月乃日	when the month was over

"月正"即"正月",意为"农历一年中的第一个月份","元日"指"农历第一个月的第一天",因此"月正元日"可直译为"on the first day of the first month",但译者补充了"(of the)next year",即"下一年,明年",这是基于原文语境的合理推断,进一步明确具体时间,使前后文语意连贯,逻辑正确,避免造成理解困难。"既月乃日"意为"这个月已经结束了,(新的)日子开始了",译文删除"乃日",压缩原文,译出主要信息,如果按原文形式,要完整译为"when the month was over and future days began",则表意重复,语言赘余,译者的适当删减不仅能如实传递原义主要信息,且语言简洁,传递原文的交际意义。

2.1.3　现有对等翻译

当某个词语或表达方式的译法已为大众熟知,或被词典收录,这叫作现有对等翻译(董踕,2021:188),这种方法有助于克服文化差异造成的障碍,便于读者理解(见表 4)。

表 4　《尚书》中现有对等翻译的时间词汇

词汇	译文
闰月	the intercalary month
中夜	midnight

续表

词汇	译文
岁	the year (or the planet Jupiter)
后昆、后嗣	posterity/descendant
既往	heretofore

"闰月"属于中国农历纪时制度,英语中本没有与之对应的文化背景,但随着中西文化交流的增多,目前词典中收录的"intercalary"一词可以特指"(历法)闰的",因此翻译时可直接使用这一等值词,避免文化不对等所造成的翻译困难和理解障碍。"中夜"即"半夜","midnight"的含义与之完美契合,因此不必按原文的字面含义直译为"the middle of the night"。"岁"也是我国古代的一种计时方法,可以译为"year",此外古人常用"岁星"作为木星的别称,因为木星绕太阳一周需要十二年,这一周期刚好与十二地支相对应,所以在对等翻译中,"岁"还可以译为"木星"的等值词"the planet Jupiter"。"后昆"和"后嗣"是由方位词构成的时间词汇,意为"后代的子孙",对等译为"posterity"或"descendant"。"既往"是动词参与构建的时间词汇,译者选取了现有副词"heretofore"。上述这些不同语言间的对等词汇可以提高翻译的效率和译文的可读性,也能有效克服文化差异给读者带来的困难。

2.2 异化

异化策略下,《尚书》中时间词汇的翻译方法有直译和音译。

2.2.1 直译

直译是一种极为常见的翻译方法,指在不违背译文语言规范以及不引起错误联想或误解的前提下,在译文中保留原文的意义形象和句法结构的翻译方法(张易凡,许明武,2012:107)。因此直译可以最大限度地还原原文的字面含义,是《尚书》时间词汇翻译中用得最多的一种方法。

在翻译以天象为依据的时间词汇时,译者大多选择直译(见表5)。

表5 《尚书》中直译的时间词汇(1)

词汇	译文
宵中	the night is of the medium length
日中	the day is of the medium length
日永	the day is at its longest

词汇	译文
日短	the day is at its shortest
月朔	the first day of the month
朔旦	the first morning
朏	the first appearance of the moon
昼夜	day and night
夙夜	early and late
朝夕	morning and evening
既望	after full moon

表 5 中的时间词汇大多由两个汉字组成，通过对每个单字的直译，实现原文与译文在形式和内容两方面的一致。"宵中""日中""日永"和"日短"均为省略谓语的"主语＋宾语"结构，且宾语均为形容词，而英语中谓语不能省略，因此译者补充"be"动词作为谓语，形成完整的主谓宾结构，译文中"be of ＋名词"即表示形容词。"月朔"和"朔旦"属于"名词＋名词"的偏正短语结构，"月朔"中的"月"和"朔旦"中的"朔"都充当定语，修饰中心词"朔"和"旦"，因此译者均以形容词成分（"of"＋名词＝形容词）译出。此外，"朏"虽为单字，但根据古文造字方法，可拆分为"月出"，即"月亮的出现"，也是名词充当定语的偏正短语，译文同样是用"of"短语结构表示形容词。"昼夜""夙夜"和"朝夕"都是"名词＋名词"的并列短语结构，直译时使用并列连词"and"连接两个名词。"既望"指"农历每月十六日"，"既"意为"已经，尽"，"望"即"望日，农历每月十五"，指"每月中月亮最圆的那一天"，译者根据字义解释，将其直译为"after full moon"，保留了中国古代以月圆记日的传统文化。

对于《尚书》中与年龄相关的时间词汇，译者也采用了直译法（见表 6）。

表 6 《尚书》中直译的时间词汇（2）

词汇	译文
耄	between ninety and a hundred years old/reach the age of a hundred years
耇	old
耆	the aged
寿者	the aged
中身	in the middle of his life
黄发	the men of the yellow hair

续表

词汇	译文
冲人	the young one
冲子	in his youth/young
小子	the little child
孺子	young son

"耄""耇""耆"和"寿"均表示"年老的",其中"耄"特指"八九十岁"[①],因此"耄"的译文明确了年龄范围,而"耇""耆"和"寿"则译为"old"或"aged"。"中身""黄发""冲人""冲子""小子"和"孺子"都是"定语＋中心词"的偏正结构,直译为"形容词＋名词"的短语。

但值得注意的是,"黄发"指"老人的头发由白转黄",用"黄发"指代"老年人",这里使用了借代的修辞手法。理雅各完全按照原文的字面意思和语言形式,直译为"the men of the yellow hair",即"黄头发的人"。但考虑到文化背景知识的缺失、不同种族的发色区别,甚至现代染发等技术,这种直译可能会在一定程度上为目的语读者造成误解。对比中国翻译家汪榕培(2013)在翻译陶渊明的作品《桃花源记》时,将"黄发"意译为"old",译出本意,避免了文化差异造成的理解障碍,提高了译文的可读性。由此发现,直译固然可以最大程度保留原文的语言形式和文化特点,实现文化的对外传播,但它需要考虑中西文化差异,否则一味拘泥于原文形式的直译会影响读者的阅读体验。

此外,《尚书》中一些包含数词的时间词汇也采用了直译法(见表7)。

表7 《尚书》中直译的时间词汇(3)

词汇	译文
一/二/……/十有二月	the first/second/.../twelfth month
孟春	in the first month of spring
仲春(夏/秋/冬)	mid-spring/-summer/-autumn/-winter
季秋	the last month of autumn
旬	ten days
正月	the first month

---

① 根据《古代汉语词典》(商务印书馆 2014 年版)释义,"耄"意为"高龄,八九十岁",理雅各将其翻译为"九十至一百岁之间,接近一百岁",两者稍有偏差。

词汇	译文
元日	the first day
上日	the first day
四世	four reigns
元/三/五/十有三祀	the first/third/thirteenth year/five years
三/五/九……载	three/five/nine/... years
百年	a hundred years
万(世/年)	ten thousand generations
万亿年	myriads and tens of myriads of years

表7中的时间词汇均为"定语＋中心词"的结构,译文形式不变,数词作为定语,修饰名词。《尚书》中的月份("一月""二月"等)均为农历(阴历)记月,与西方文化中的公历(阳历)记月有所不同。农历月份通常晚于公历的同一月份,因此不能用"January"来翻译典籍中的"一月",而是将其直译为"the first month",其他月份以此类推,避免误解。农历一季有三个月,依次为"孟""仲""季",分别直译为"first""mid"和"last"。"旬"也是中国纪时的特定表达,"十日为一旬",需翻译出相应的天数,例如"三旬"为"thirty days"。"正""元"和"上"均可表示"第一的",直译为"first"。"数词＋世/祀/载/年"可以表示"多少代""第几年""多少年",译者大多选择与之相对应的序数词或者基数词进行直译,但需要注意的是,"百""万""万亿"这类较大的计数单位,在中文语境中常常为虚指,用以形容数量大,这也就意味着"百年"并非恰好"一百年","万年"也不是"整整一万年",而是指"很长的一段时间",因此我们不一定要译出"a hundred""ten thousand"这些具体数值,可以选择"myriads of"等表示"无数的"这一含义的表达,这样不仅表意正确,还避免了因数量级过大导致英语表述过长的问题,若这类虚指词汇同时出现在原文中时,必要情况下我们需要在译文中体现它们之间的量级差别,例如"万亿"远多于"万",而"万"远多于"百"。

最后,《尚书》中一些其他类别的时间词汇同样也属于直译(见表8)。

表8 《尚书》中直译的时间词汇(4)

词汇	译文
翼日	the next day
来世	future ages
于今	up to this time

续表

词汇	译文
继自今	from this time forth
有今罔后	you have the present，but you will not have the future
日月逾迈	days and months have passed away

上述词汇均是由时间词汇和其他语言成分组成的复合词汇，"翼日"和"来世"的原文和译文均是"形容词＋名词"的结构；"于今"和"继自今"均为"介词＋名词"，译文同样为介词短语的形式；"有今罔后"为动宾结构，译者巧妙补充主语，内容完整，且语言形式与原文保持一致；"日月逾迈"为"主语＋谓语"构成的完整表达，直译可以准确传达原文信息。

2.2.2 音译

音译是指把一种语言的文字符号用另一种语言中与它发音相同或相近的文字符号表示出来的翻译方法（熊兵，2014：85）。方梦之（2011：105）指出，当翻译不可能直接从形式或语义入手时，音译就是主要的翻译手段。音译法主要应用于翻译《尚书》中由十天干（甲、乙、丙、丁、戊、己、庚、辛、壬、癸）和十二地支（子、丑、寅、卯、辰、巳、午、未、申、酉、戌、亥）组成的中国古代时间词汇（见表9）。

表 9 《尚书》中音译的时间词汇

原文	译文	原文	译文	原文	译文
甲子	Jia-zi	丙午	Bing-wu	庚午	Geng-wu
甲寅	Jia-yin	丁巳	Ding-si	庚戌	Geng-xu
甲戌	Jia-xu	丁亥	Ding-hai	壬辰	Ren-chen
乙丑	Yi-chou	戊辰	Wu-chen	壬申	Ren-shen
乙卯	Yi-mao	戊午	Wu-wu	癸巳	Gui-si
乙未	Yi-wei	戊申	Wu-shen	癸酉	Gui-you

表9中，由十天干、十二地支纪时制度构成的时间词汇在英语文化中存在语义空白，因此译者采用音译法，并且用短横线来体现原文词汇的构成形式，一方面保留了原文特有的文化元素，另一方面也实现了信息的有效传递。这些翻译不仅不会造成理解困难，降低译文的可读性，反而可以在保证目的语读者可接受的前提下，加深他们对中国传统文化的了解。

3 译者的价值取向

3.1 理雅各的价值取向

根据表 1 可知,在《尚书》时间词汇的翻译中,译者理雅各在 86.5% 的情况下选择了异化策略,而归化策略仅占 13.5%。由此可以得出以下两个结论:一是理雅各在翻译中同时使用了归化和异化这两种策略,这说明他具有同化和保留的双重价值取向;二是理雅各明显偏向于异化策略,这说明在同化和保留这两种价值取向中,他更偏向于保留。在这种价值取向下,理雅各的《尚书》英译本较好地实现了中西文化之间的沟通,较为成功地向西方读者输入了充满异国语言和文化差异的中国文本(何立芳,2011:90)。作为 19 世纪英国著名传教士、汉学家以及第一位系统研究并翻译中国古代经典的学者,理雅各从来不将自己视为学术传统的局外者,而是试图作为一位中国学者,使自己融入古代中国儒家传统的学习中(张西平,费乐仁,2011:9),所以他并没有将中国文化置于与西方文化势不两立的位置上,也不会以傲慢的态度来对待中国文化,而是消除文化偏见,尽可能以一种公允的态度对待中国文化(刘永亮,2016:65)。正因为如此,理雅各在致力于翻译中国古代经典的过程中,选择了偏向异化的翻译策略,这体现了他对中国文化的欣赏态度。

理雅各秉持着对中国传统文化的尊重与负责,坚持对原文文本的忠实表达,向西方读者如实再现了中国典籍和文化的本质,他的保留价值取向在译文中体现为对源语文化的直接移植,营造出一种"异域情调",从中折射出译者对源语文化的认可态度和传播意图(刘晓晖,朱源,2020:111)。但这种"忠实"并非要求译文与原文在形式上保持完全一致,因为中西文化差异是文化交流过程中不可忽略的一个主要障碍,为了保证中国文化可以被西方读者接受并认可,理雅各在翻译中以读者为中心,考虑其阅读习惯,在尽可能保障译文忠实性的条件下,也会适时地选择同化的价值取向,巧妙使用归化的翻译策略,用更符合译入语文化的表达方式来帮助读者理解中国典籍。在具体的翻译过程中,理雅各试图将译文的准确性与风格的可接受性相结合,同时认同并接受文雅的、符合英文习惯的翻译(何立芳,2008:70),所以他的翻译做到了既忠实于原文,又符合目的语读者的阅读习惯。总而言之,通过对双重文化价值取向的偏向性选择,理雅各综合考虑文化因素和读者因素,协调发挥不同翻译策略的作用,克服翻译中的语言文化障碍,成功推动了《尚书》的对外传播。

3.2　典籍翻译中价值取向的选择

刘永亮（2016:63）指出，想要实现中国典籍走出去，准确的文化阐释是最基本的要素，同时中国典籍是否能融入异域也是其另外一个核心要素。Berman（1992:65）认为，好的译文可以让目的语读者在正确理解原文含义的同时，充分感受源语的异域情调。对于典籍英译，刘永亮（2016）强调了同化价值取向的必要性，而 Berman（1992）则明确了保留价值取向的重要性，这两种价值取向对于成功实现典籍翻译价值都发挥着不可替代的作用。在实际翻译过程中，关于上述两种价值取向，译文极少出现非此即彼的极端情形，但通常会出现偏向保留或偏向同化的情况，从而形成译者的价值取向维度，以及译者文化认同的倾向性（刘晓晖，朱源，2020:114）。正如理雅各对《尚书》中时间词汇的翻译，无论是持同化价值取向的归化翻译策略，还是持保留价值取向的异化翻译策略，单一的翻译策略无法兼具"准确的文化阐释"和"成功的融入异域"这两种翻译要素，只有通过两种价值取向的彼此调和、两种翻译策略的共同作用，才可以最大限度地发挥翻译对于文化传播的价值，实现译文既为目的语读者所接受，同时不失原文的文化价值。

综上所述，在典籍翻译中，译者应根据实际翻译需求，了解文化差异，慎重选择适当的价值取向，充分协调两种文化，在追求文化准确传译的异化基础上，充分利用归化翻译，以满足目的语读者的审美诉求（刘永亮，2016:63）。如此一来，译文可以最大限度地保留原文的文化内涵，减少文化损伤，译者也可以提高译文的可读性，激发读者的阅读兴趣，促进译文的对外传播，推动中国文化"走出去"。

4　结语

通过对《尚书》中时间词汇的英译进行研究，我们可以发现，译者理雅各在保留和同化的双重价值取向的指导下，采取了异化为主、归化为辅的翻译策略，相应地使用了直译、音译、意译、仿译和现有对等翻译的方法，较好地实现了古代纪时制度相关文化知识的对外传播。今后，典籍翻译研究仍是我国文化战略中的关键部分，研究成功译本的翻译策略，总结其中优秀的翻译方法，对提高翻译能力和译文质量大有裨益，这能促进通过中国典籍来传播中国文化目标的实现。

参 考 文 献

[1] Berman A. The Experience of the Foreign：Culture and Translation in Romantic Germany[M]. Transted by Heyvaert S. Albany：State University of New York Press,1992.

[2]陈刚. 归化翻译与文化认同——《鹿鼎记》英译样本研究[J]. 外语与外语教学,2006(12)：43-47.

[3]董踩. 翻译技巧与翻译方法、翻译策略的区别及其分类[J]. 湘潭大学学报(哲学社会科学版),2021(2)：186-189.

[4]方梦之. 中国译学大辞典[M]. 上海：上海外语教育出版社,2011.

[5]韩南. 中国近代小说的兴起[M]. 徐侠,译. 上海：上海教育出版社,2010.

[6]何立芳. 理雅各英译中国经典目的与策略研究[J]. 国外理论动态,2008(8)：68-71.

[7]何立芳. 传教士理雅各中国经典英译策略解析[J]. 外国语文,2011(2)：89-91.

[8]理雅各. 尚书(汉英对照)[M]. 长沙：湖南人民出版社,2013.

[9]刘晓晖,朱源. 古代纪时制度英译的价值取向与文化认同——基于韩南清代小说译本的研究[J]. 中国翻译,2020(4)：110-117＋192.

[10]刘永亮. 理雅各《诗经》翻译出版对中国典籍走出去之启示[J]. 中国出版,2016(13)：63-65.

[11]商务印书馆辞书研究中心. 古代汉语词典[M]. 北京：商务印书馆,2014.

[12]汪榕培. 陶渊明集(汉英对照)[M]. 长沙：湖南人民出版社,2013.

[13]王藤蕊,熊德米. 国内《尚书》英译研究综述(2000～2020)[J]. 现代语言学,2021(2)：433-440.

[14]王燕,李正栓.《大中华文库》科技典籍英译与中国文化对外传播[J]. 上海翻译,2020(5)：53-57＋94.

[15]吴芳. 先秦汉语时间复合词的语义关联结构[J]. 汉语学报,2014(1)：85-89.

[16]熊兵. 翻译研究中的概念混淆——以"翻译策略"、"翻译方法"和"翻译技巧"为例[J]. 中国翻译,2014(3)：82-88.

[17]杨林.典籍英译中译者的主体性选择——《论语》英译本比较研究[J].北方民族大学学报,2020(6):139-143.

[18]张兰君.从《尚书》时间词汇看先民对时间的认知方式[J].汉字文化,2021(9):186-188＋191.

[19]张西平,费乐仁.理雅各《中国经典》绪论[M]//理雅各.中国经典:卷一.上海:华东师范大学出版社,2011.

[20]张易凡,许明武.科技新词文化特征分析及翻译策略研究[J].中国翻译,2012(5):105-108.

[21]郑晓云.文化认同论[M].北京:中国社会科学出版社,2018.

[22]周薇.典籍翻译中时间表达的英译法:以林语堂译文为例[J].大家,2011(7):145-146.

通信地址： 430074 华中科技大学外国语学院

许明武(xumingwu@hust.edu.cn)

庞沁宜(499469531@qq.com)

形象学视角下《细语中国》汉译本中的中国形象建构^①

华中科技大学外国语学院　梁林歆　李　迎

摘　要：尼古拉斯·周思的散文集《细语中国》以其在中国的经历为基础，描述了他对中国以及中澳关系的理解，建构了中国的"他者形象"。本文从形象学视角出发，对《细语中国》原文和汉译本中的中国形象进行对比研究。笔者发现，译者采用了 92 处省略与改写，汉译本修改了尼古拉斯·周思的"他者形象"与我国"自我形象"的不符之处，充分发挥了译者的主动性和创造性，借助翻译为中国建构了和平公正的政治形象、开放平等的社会形象和独立强大的外交形象。

关键词：《细语中国》；形象学；尼古拉斯·周思

Construction of the Image of China in the Chinese Version of *Chinese Whisper* from the Perspective of Imagology

Abstract：Based on his living experience in China, Nicholas Jose created a collection of essays, *Chinese Whisper*, to describe his understanding of China and the relationship between China and Australia, constructing other image for China. From the perspective of imagology, the paper compares the image of China in both Chinese and English versions of *Chinese Whisper*. The author learns that the translator adopted 92 omissions or revisions, and fixed the discrepancy between the other image created by Jose and the self-image of China. With the initiative and creativity fully played, the translator constructed a peaceful and fair political image, an open and equal social image, and an independent and powerful diplomatic image for China through translation.

Key words：*Chinese Whisper*; imagology; Nicholas Jose

1　引言

尼古拉斯·周思（Nicholas Jose）是澳大利亚当代著名作家，1952 年于伦敦出生，

---

①　本研究为华中科技大学本科专题教学研究项目"'一带一路'倡议下高端实用翻译人才培养模式研究"（2022194）的阶段性成果。

毕业于英国牛津大学和澳大利亚国立大学。他是中澳文化交流的使者，曾任澳大利亚驻华大使馆文化参赞。20 世纪 80 年代，他前往中国游学和任职。在此期间，他积极探索中国文化，研究中国古典文学。中国社会文化给予了他丰富的创作灵感，尼古拉斯·周思结合他在中国的生活经历，创作了长篇小说《长安大街》《黑玫瑰》和《红线》。1995 年，他创作了散文集《细语中国》(*Chinese Whisper*)。其中的部分作品是自传性的，部分作品是批判性的，还有部分作品是记录性的。尼古拉斯·周思审视了当代中国文化的方方面面以及中国与澳大利亚的关系。他所著的《细语中国》描绘了中国社会形象，建构了鲜明的"他者形象"。

译者刘洋目前已出版译著 50 多部。他将《细语中国》翻译成中文，并于 2019 年在青岛出版社出版。通过对比原文与译文，笔者发现译者并非一字一句地直接翻译，在涉及不恰当或不准确的中国政治形象、社会形象和外交形象时，译者做了大量的删减与改写，重构作者建构的中国形象。因此，本文从形象学视角出发，分析译者在翻译过程中对尼古拉斯·周思建构的"他者形象"的处理以及对"自我形象"的重新建构。

2　翻译研究与形象学

形象学是比较文学的一个分支，主要研究文学作品、文学史和文学评论中有关国家和民族的"他者形象"和"自我形象"。由于不同国家和民族的社会观念与文化基础差异巨大，作者在描述他国形象时难免会受到各种因素的影响，包括其短暂的异国生活经历、片面的个人理解以及本国对他国的刻板印象。因此，作者对他国形象的阐述会出现一定程度的曲解、想象与夸大。形象学的任务就是探索异国异族的神话创造过程和规律，分析其社会心理背景以及深层文化意蕴（刘洪涛，1999：69）。因此，形象学的研究重点是研究"形象"的生成、发展和影响，即研究文学和非文学层面的"他者形象"与"自我形象"的发展过程（狄泽林克，方维规，2007：153）。"他者形象"是通过文学或非文学的作品呈现出来的关于另外一个国家、民族、社会或文化的形象（王运鸿，2018：89）。在历史不断发展的过程中，一个国家会通过政治交流以及文学作品传播等因素产生对其他国家的独特看法。在文学化，同时也是社会化的运作过程中，对他者看法的总和即为"他者形象"（巴柔，2001：154）。"自我形象"与"他者形象"之间的关系是相对的，"自我形象"以国家客观现实为基础，能够通过各种传播媒介、文化作品以及品牌重塑反映国家的身份与特性（吴赟，2019：74）。

随着全球化的发展与不同文化间交流的加强，国家和民族形象的塑造和传播逐渐成为翻译实践和理论中的重要问题。翻译研究不仅能帮助国家和人民了解其在不同社会文明中的"他者形象",还可以通过翻译重新建构"自我形象",服务于本民族的身份形象认同。翻译研究开启文化转向之后,一直比较注重翻译之于目标语社会民族文化自我身份和自我形象构建的功能(王运鸿,2018:91)。翻译是跨文化交流活动的重要载体,对于"自我形象"与"他者形象"的呈现与建立具有重要作用,重现翻译塑造形象的过程有助于揭示翻译生产和传播过程中的各种规约因素(王运鸿,2019:84)。跨文化文学作品能够传达其他国家和民族对异国形象的塑造、改写与传播,针对跨文化文学作品的翻译能够传达译者自身的身份特征建构倾向,体现为将"他者形象"修正为"自我形象"的过程。针对跨文化文学作品的翻译研究有助于了解"他者形象"与建构"自我形象"。

根据王运鸿(2018)的研究总结,20世纪后期开始,比较文学的发展速度逐步放慢,与此同时,翻译研究学科却在不断兴起,翻译研究学者追求采用新视角、新方法进行翻译研究,比较文学中的形象学分支也就进入了翻译研究领域。近十年,学界对于形象学与翻译研究的结合主要集中于以下两个方向。一是将形象学和翻译研究结合的历史发展情况进行梳理,并对研究重点进行分析说明,为后世学者提供了研究方向。二是将形象学和翻译研究的结合应用在具体文本中进行案例分析,例如张晓芸博士2011年出版的《翻译研究的形象学视角——以凯鲁亚克〈在路上〉汉译为个案》,通过分析翻译活动中形象塑造的操作与改写,探究"他者形象"产生变异的历史原因;梁志芳于2017年出版的《文学翻译与民族建构:形象学理论视角下的〈大地〉中译研究》,探讨了中文译文中对普通中国农民形象的建构。通过梳理国内近年的文献,我们可以发现,目前国内从形象学角度入手的翻译研究主要以国内经典文学作品为研究对象,包括《水浒传》《论语》等,通过对原文和译文的比较,分析译文建构国家形象、民族形象、女性形象的过程以及原因。本文则属于第二类研究,以尼古拉斯·周思所著的《细语中国》和刘洋的译本为研究对象,分析尼古拉斯·周思在原书中建构的中国形象以及译者通过各种翻译方法重新建构的中国形象。

3 《细语中国》汉译本中的中国形象建构

3.1 和平公正的政治形象

国家形象的定义由多个基本要素构成,每个要素都在国家形象的形成中发挥着重要作用,构成国家某一方面的形象。国家的政治形象是从国家形象构成要素中的政治要素衍生而来的,是国家形象的支柱。它是国家在世界政治舞台上的形象,主要表现为他国政府眼中的该国形象。国家政治形象以国家根本利益为主导,通过整体构建来具体体现国家意志(陈曦,2010:3)。它不仅包含对一国的政治制度与政治社会的简单再现,还包括大众舆论对该国政治的一般看法及印象。塑造良好的国家政治形象不仅有利于国家内部的团结统一,而且可以对抗他国对我国政治制度的无端攻击。在该书中,作者多次描写了我国领土、历史事件以及政治环境,其依据是作者的个人生活经历以及20世纪90年代西方社会对中国政治的看法。

例 1

Lhasa, capital of Tibet, the home from which the Dalai Lama is exiled. (Jose, 1995:14)

译文:零翻译。

作者在第二章中提到了拉萨,认为拉萨原本是"藏独"分子达赖喇嘛的家园,但达赖喇嘛却被驱逐出了拉萨。作者通过"exiled"一词表达对"藏独"分子的同情,暗含对国家政治形象的贬义态度,建构了人民被迫背井离乡的他者中国形象。实际上,"西藏流亡政府"是彻头彻尾的分裂主义政治集团,违反了中国宪法与法律。中国对西藏地区独立分子的谴责与打击,是维护我国领土与主权完整的正当行为,与我国发展需求高度吻合。译者将国家利益放在第一位,选择将此句话删去不译,避免向大众错误传达对"藏独"分子的同情,也表达了对他者形象中不准确的负面国家政治形象的反对意见,以国家客观现实为基础,修正了自我形象。对比原文所建构的负面中国形象与译者建构的正确中国形象,译者对原文的处理方式体现了其自身身份特征的建构倾向,即以维护国家领土完整与发展利益为第一原则。

例 2

Hong Kong used to be British. It's returning to China. (Jose, 1995:23)

译文:零翻译。

作者在中国旅行途中,一位中国出租车司机对他说了这句话。原句中的"used to be"意为"过去一直是",这一表达方式显然与我国历史事实背道而驰,因此译者选择将整句删去不译。香港在历史上一直属于中国,1842年清政府在英国发动的第一次鸦片战争中战败,被迫签订了不平等的《南京条约》,将香港岛割让给英国,1997年,中国终于收复失地。该书出版时间为 1995 年,此时香港仍处于英国的殖民统治之中。英国对香港的长期殖民统治致使一些西方国家的人民难以清晰认识其殖民性质,作者也难免受到影响。作者在将出租车司机的汉语转化为英语时,无意识或有意识地运用了"used to be"这一表达方式,他为中国建构的他者形象也因此与现实产生了偏差。而译者在 2019 年翻译此书时,香港早已回归祖国母亲的怀抱,中国在国际社会中的地位不断提高,也在大力维护我国国家领土与主权完整,对香港问题高度重视。相应地,译者在翻译时也需要重新建构符合新的社会环境的政治形象。因此,译者选择将整句省略,修正作者建构的过时的不准确的他者形象。

形象学视角下的翻译研究具有历时性,应当从历史发展的角度进行分析,译者对原文所做出的修正也应放在具体的历史环境下加以讨论。在上述两例涉及国家领土与主权完整的例子中,译者都采用了删除的手法,这与 2019 年发生的特殊历史事件也有很大关系。独立分子和西方势力在中国香港地区发动暴乱,无视"一国两制"政治制度,干涉我国内政。中国展现出了维护国家领土与主权完整的坚定决心,强烈谴责暴徒的卑劣行为,于 2020 年通过了《中华人民共和国香港特别行政区维护国家安全法》,对独立分子加以严厉处置,最终成功解决了香港暴乱问题,向世界各国展示了我国维护和平的美好心愿以及维护统一的强大能力。为建立和平、统一、强大的中国政治形象,译者在政治局势敏感时期并未保留原书中的不恰当政治话语,这不仅有利于国家打击独立分子、平息暴乱,还能帮助普通民众树立正确鲜明的政治立场,普及并强化我国的"一国两制"国策以及和平发展战略。

例 3

She and Shen Congwen had been enemies for forty years. Ding Ling, having joined the communists at Yan'an, went on to become one of the most powerful cultural officials of the People's Republic. Whether her animus towards Shen Congwen was personal or political, it helped keep him under a cloud. He worked as an obscure researcher at the history museum and for forty years published almost no new literary works. Ding Ling died in 1986 and was given a fitting send-off. Shen Congwen followed in 1988, his death hardly noticed but for a few mean-spirited obituaries in the Chinese press. (Jose, 1995:122-123)

译文:零翻译。

在第十三章中,作者从作家沈从文的生活经历出发,讲述了古老的中国湘西文化。而在篇章前部,作者讲述了沈从文与作家丁玲的长达40多年的恩怨。丁玲利用其作为文化官员在党内的职务与权威,不断限制沈从文在文学领域的发展。此处,作者通过描述丁玲和沈从文的恩怨,错误地向读者暗示部分中国党内人员会利用职务之便解决自己的私人恩怨,以沈从文先生的悲惨生活来侧面塑造了一个以权谋私的不公正的中国形象。在处理这部分文字时,译者同样采用了省略的方法,避免展现出作者笔下的不公正的中国政治形象。

20世纪末期,西方世界对中国的了解还不够深入,作者本人对我国党政工作的认知也难免受到诸多现实因素的限制,用不公正的眼光看待我国政治工作,建构了不准确的他者形象。但目前,习近平总书记强调不断加强群众基础,坚定维护我国领土与主权完整,高度重视反腐工作,严厉打击不良作风。新时代党的作风建设是各届全国人民代表大会中的主题之一,更是党的建设的永恒主题,中国领导集体坚持贯彻执行中央八项规定,紧紧围绕同人民的血肉联系,保持群众观念和群众感情。译者多次采取省略方法,为我国重新建构了和平公正的政治形象,展现了对我国政治制度的高度自信。译者对他者政治形象的处理方式不仅避免了社会对政府的无端批判,同时维护了我国政治制度,有利于培育爱国主义精神,推动各界人士为国家现代化建设及民族伟大复兴做贡献。

3.2 开放平等的社会形象

社会形象是国家形象的投影。社会治理水平、社会稳定状态、社会公平程度体现的是国家治理能力和水平(陈金龙,2019:1)。社会是由人组成的集体,社会的形象体现了一个国家的文化底蕴和人文风俗。建构良好的社会形象有助于国家维护社会稳定、弘扬传统文化、提高国家软实力,并进一步提高国际地位。在《细语中国》中,作者依据其游历经历,对中国社会形象进行了大篇幅的描写。他通过描述中国社会对待其他群体的态度、国内社会成员之间的关系等,为20世纪90年代的中国建构了澳大利亚人眼中的他者形象。

例1

Old Peking implies a sense of the past, and with it a critique of the present. It refers most specifically to the chaos period between the last years of the Ching dynasty and the founding of the People's Republic of China in 1949. (Jose, 1995:83)

译文:零翻译。

在第九章中,作者讲述了 20 世纪北京人以及北京社会的文化倾向。作者将旧社会中的北京人描绘为在妥协中依然崇尚封建制度与权威的形象,反对一切新事物的到来,包括来华的外国人。

1992 年,南方谈话大力推动了我国改革开放事业的发展,中国改革开放进入新时期。2001 年,中国正式加入世界贸易组织,开放程度进一步提高。在全球化加速发展的时代,中国社会已经愈加开放自由,对新事物的接受能力也在不断增强。从 1995 年到 2019 年,我国社会经历了飞速发展,无论是中国人民认知中的自我形象,还是世界人民眼中的他者形象,都经历了翻天覆地的变化。因此,对于作者在本章建构的落后的、闭塞的中国形象,译者决定进行形象修正。为了塑造一个开放、合作、共赢的中国形象,支持国家当前的人才引进政策,译者选择直接将本章完整删除不译,删去了 20 世纪 90 年代澳大利亚人民认知中的封闭的中国形象,体现了当今中国社会的开放与包容。

例 2

The only active part of the museum was a display about human reproduction and the one-child policy. Foetuses in ascending sizes lined up in jars alongside anatomical cross-sections of genitalia. Siamese twins and specimens of elephantiasis provided a freak show that people would pay to see. (Jose, 1995:190)

译文:这家博物馆只有一个展位比较活跃,展品大多以人类繁衍和计划生育等为主题。(刘洋,2019:128)

在该书最后一章中,作者对黑龙江省博物馆中的民间艺术展做了简要的描述,通过人民群众对不同主题艺术展的反应来建构中国的社会形象。作者描绘了人类繁衍和计划生育为主题的展位的展览品,如胎儿标本、生殖器横切面等。20 世纪 90 年代时期,中国鼓励独生子女政策,以期尽快实现经济转型,推动国家经济发展。但部分西方国家却曲解了我国计划生育政策的用意,将其抹黑为人性的泯灭,试图借此诋毁我国的政治制度,遏制我国的发展。这样的历史事件同样影响着作者为 20 世纪 90 年代的中国建构的他者形象——在众多展示民间艺术与文化的展台中,竟然只有这种怪异、扭曲的展品能吸引中国人民的目光。

2019 年,中国的计划生育政策已然发生了翻天覆地的变化,新的生育政策不但可以提高生育率,还能优化人口结构,增加劳动力供给,显著减轻人口老龄化的社会问题。因此译者希望能够在译文中回避不合时宜的计划生育政策以及作者本人的错误观念,支持我国当前的生育政策,助力我国现代化发展。译者为建构更加开放文明的中国社会形象,选择将此处对标本细节的描述省略不译。

同时,通过描绘这类标本的展出以及流行,作者塑造了冷血、无情的中国社会形象。但中国人民自古以来便深受儒家文化影响,以人为本,以和为贵,关爱弱小,团结互助。中国人民对自我形象的认知是文明友爱,与作者建构的猎奇冷血的他者形象大相径庭,若将对标本的具体描述直译出来,会对我国社会形象的建构产生负面影响。因此,译者在此处只保留了介绍该展位主题的语句,而省去了具体描述,弱化了原文中的残酷感,为中国建构了开放文明的社会形象。

3.3　独立强大的外交形象

外交形象是国家形象的一种特殊存在状态,是指在一定时期内本国公众或他国公众对一国外交给予的相对稳定的认知和评价。外交形象的内涵体现为本国公众和他国公众的群体认知概念,外交理念、外交政策、外交风格、外交行为等客观实在,以及主体对客观实在的印象、观感和评价(杨明星,马会峰,2021:167)。中国的外交形象是我综合实力的体现,代表了我国的国际地位。近年来,中国经济迅猛发展,社会主义现代化建设稳步推进,中国的国际地位大幅提升,中国外交也在向着更加积极的方向发展。建构独立强大的外交形象有助于我国更好地实施外交政策,把握国际话语权,提升国际地位,发展国际关系。

例 1

Australia's China (Jose,1995:44)

译文:澳大利亚与中国(刘洋,2019:40)

作者将《细语中国》第五章标题命名为"Australia's China"。在该章中,作者描写了华人的回忆录等文学作品对澳大利亚在文学和思想等方面产生的影响,澳大利亚为凝视者,中国为被凝视者。在 20 世纪末,与西方发达国家相比,我国当时整体发展较为缓慢,许多西方人以居高临下的态度看待中国。作者虽在中国生活数年,但也未摆脱西方国家的影响。作者在该章标题的所属关系结构中,下意识将中国放在了低一级的位置上,以澳大利亚的认知为重点,反映了他国对我国的形象认知——国际地位较低的发展中国家。

自从 2001 年中国加入世界贸易组织,中国在国际社会中的重要性大大提升,国际地位越来越高。中国作为联合国五大常任理事国之一,在国际事务决策中拥有一票否决权。这样巨大的发展和变化,使得作者创作作品时建构的他者形象偏离了我国如今的客观形象。因此,译者选择将名词所有格结构改为名词并列结构,在标题中把中国的国际地位提升到和澳大利亚同等的国际地位上,用文字宣示着中国对世界产生的巨大影响力,宣示着中国的强大发展潜力。译者借用这个并列结构的标题表达了我国希望与澳大利亚和平交往的意愿。这样的改动不仅关注国家的发展变化,还修正了作者建构的他者形象,重新为我国建构了强大独立、热爱和平的中国外交形象。

例 2

In 1661 the people of the district besieged the occupying Dutch with ramparts of bamboo straw and left-over rice, and drove them out. (Jose, 1995: 20)

译文:1661 年,中国人包围了台南,将荷兰人团团围困,最终将他们赶走。(刘洋,2019: 20)

在第三章中,作者描述了中国将台湾地区的荷兰殖民者赶走并收复台湾的历史,通过对中国军队战备力量的描述,为中国在外交层面构建了他者形象。作者将中国收复失地的行为描述为"with ramparts of bamboo straw and left-over rice",即"用竹子、稻草和残羹剩饭筑成的壁垒",隐喻中国的军事力量,这样的文学隐喻无形中体现了西方社会对中华民族的固化印象,塑造了中国贫困、羸弱的国家形象。

郑成功是收复台湾的民族英雄,郑成功的军事谋略对于收复台湾有着重要的作用。他采用了以众击寡的策略,在击败了前往赤嵌城的荷兰援军后,他又调集了12000 多人包围赤嵌城,宣示严正立场,形成了强大的军事威慑(季云飞,2002: 71)。从这些史料可以看出,我国在收复台湾时的军事力量还较为强大,对荷兰殖民军队产生了巨大的威慑力。2019 年,我国的军事力量更是飞速发展,在国际上具有极强的震撼力。为重塑作品中的中华民族的民族性,译者将我国国家形象与历史事实、社会发展相结合,力图塑造、传播、强化我国的强大军事形象。因此,在翻译这句话时,译者改动了作者的上述表达,用"包围""团团围困"和"赶走"三个词体现并强调了我国的军事威慑力。不仅如此,译者更希望能够通过这种删减与改写,展现我国在当今时代的强大军事实力,提升国际地位,增强中国人民保家卫国的自信心与决心,建构独立强大的外交形象。

4 结论

尼古拉斯·周思作为澳大利亚作家,在塑造中国的"他者形象"时,难免会受到年代限制以及西方思想的影响,与当代中国人心目中的"自我形象"产生偏离。因此,译者主要采取删减和改写的翻译方法(或技巧),将作者笔下的"他者形象"重新建构为中国人自身理解与认同的"自我形象"。对比《细语中国》的中英文版本,我们可以发现,译者在翻译的过程中运用了大量的删减与改写,重新为我国建构了和平公正的政治形象、开放平等的社会形象和独立强大的外交形象。

参 考 文 献

[1]Jose N. Chinese Whisper[M]. Australia：Wakefield Press，1995.

[2]巴柔.从文化形象到集体想象物[A]//孟华.比较文学形象学.北京:北京大学出版社,2001.

[3]陈金龙.新中国 70 年国家形象的建构[N].光明日报,2019-09-06(11).

[4]陈曦.《人民日报·海外版》时政新闻中的国家政治形象[D].北京:中央民族大学，2010.

[5]狄泽林克,方维规.比较文学形象学[J].中国比较文学,2007(3):152-167.

[6]季云飞.郑成功收复台湾谋略运用演变之探析[J].台湾研究,2002(1):68-74.

[7]梁志芳.文学翻译与民族建构:形象学理论视角下的《大地》中译研究[M].武汉:武汉大学出版社,2017.

[8]刘洪涛.对比较文学形象学的几点思考[J].北京师范大学学报(社会科学版),1999(3):69-73.

[9]尼古拉斯·周思.细语中国[M].刘洋,译.青岛:青岛出版社,2019.

[10]王运鸿.形象学视角下的沙博理英译《水浒传》研究[J].外国语(上海外国语大学学报),2019,42(3):83-93.

[11]王运鸿.形象学与翻译研究[J].外国语(上海外国语大学学报),2018,41(4):86-93.

[12]吴赟.国家形象自我建构与国家翻译规划:概念与路径[J].外语研究,2019,36(3):72-78.

[13]杨明星,马会峰.中国特色大国外交形象的多维构建[J].中州学刊,2021(9):166-172.

[14]张晓芸.翻译研究的形象学视角——以凯鲁亚克《在路上》汉译为个案[M].上海:上海译文出版社,2011.

通信地址: 430074 华中科技大学外国语学院

梁林歆(foreverllx@126.com)

李 迎(993750771@qq.com)

语言学研究

Linguistic Studies

汉语病患语篇中的死亡隐喻研究
——以《在天堂的门口：抗癌日记》为例

华中科技大学外国语学院　晋月露　黄　洁

摘　要：本文以概念隐喻理论为基础，将中国患者的抗癌日记建为小型语料库，结合回鸣值和词目词形比，分析汉语病患语篇中死亡隐喻的使用特点。研究发现，该病患语篇涉及十三类死亡隐喻，例如"死亡是旅途""死亡是熄灭""死亡是高大物体的崩塌"等。这些死亡隐喻的使用频率存在差异，常规隐喻和新奇隐喻并存。汉语死亡隐喻具有等级性弱化、意象强弱性、情感两极性等特征。

关键词：死亡；概念隐喻；病患语篇

A Study of Death Metaphors in Chinese Patient's Discourse
— *At the Gate of Heaven*：*A Diary of the Fight against Cancer* as an Example

Abstract：Based on the conceptual metaphor theory, this paper builds a small corpus from a Chinese cancer patient's diary and explores death metaphors in the discourse, with reference to the value of resonance and the metaphorical lemma-form ratio. It is concluded that there are 13 types of conceptual metaphors of death in the Chinese patient's discourse, such as DEATH IS A JOURNEY, DEATH IS EXTINGUISHMENT and DEATH IS THE COLLAPSE OF A TALL OBJECT. These metaphors differ in terms of frequency, including both conventional and novel metaphors. Death metaphors in Chinese are characterized by weakened social hierarchy, different degrees of imagery, and the bipolarity of emotion.

Key words：death; conceptual metaphors; patient discourse

1　引言

从出生到死亡是人一生中必经的过程，与出生相比，死亡因其不可预知性而更具神秘色彩。为此，人们常借助其他概念来认识和理解死亡。在认知语言学领域，这种思维方式被称为概念隐喻。不同于传统修辞学中的隐喻，Lakoff 和 Johnson（1980）的概念隐喻理论视隐喻为思考和行为方式，认为概念体系本质上具有隐喻性。因此，概念隐喻是认知死亡的重要途径，与死亡相关的隐喻语言表达可以反映人们对死亡的看法。

已有的对死亡隐喻的研究主要关注不同语言、不同文化、不同体裁涉及的隐喻概念化，这些研究可以分为以下几类。

第一类研究关注的是各种语言中的死亡隐喻。英语中常见的死亡隐喻有"死亡是旅途的终点""死亡是离去""死亡是夜晚""人的死亡是植物的枯萎""死亡是去最后的目的地"等（Lakoff & Turner，1989）。汉语中较为普遍的死亡隐喻有"死亡是旅途的终点""死亡是一天/一年的结束""人的死亡是植物的死亡""死亡是落幕""死亡是解脱"等（许谦，2008）。西班牙语利用"休息""女士""失败""容器""旅途"等源域对死亡进行隐喻概念化（Marin-Arrese，1996）。

第二类研究聚焦不同文化中死亡隐喻的共性和差异。英语和西班牙语死亡隐喻的差异主要体现在，西语凸显基督教信仰和政治事件，而英语倾向于采取更乐观、更生动的方式对待死亡（Marin-Arrese，1996；Crespo Fernández，2013）。英汉死亡隐喻的共性源自普遍的认知体验和相似的死亡观，而生活方式、宗教观念、民俗文化、地理环境、社会历史等又导致了文化差异性（李思国，姜焱，2001；尚绮，2007；王小平，2014）。德汉死亡隐喻均体现了厌恶死亡、向往生命的态度，宗教文化、社会等级和价值观念在死亡观中的不同比重构成了德汉独特的文化心理图式（陈琦，2011）。

第三类研究的重点是不同体裁文本中死亡隐喻的特点。悼词（Lu，2017，2020a，2020b）、墓志铭（Crespo Fernández，2011）和讣告（Heynderickx & Dieltjens，2016）中的死亡隐喻有助于让生者克服丧亲的悲痛和对死亡的恐惧，从而对死亡持有乐观积极的态度。在医院，尤其是临终关怀医院的情境中，死亡隐喻的使用可以增进患者对死亡的理解（Vivat，2008；Dempster，2012）；约翰·济慈、约翰·邓恩、艾米丽·狄金森等诗人在作品中巧妙运用各类死亡隐喻，表达自己对死亡的独特理解（李宝珠，王翔，2013；施春霞，叶少晖，2014；何中清，赵晶，2019）。此外，近年来儿童死亡绘本也成为死亡研究的关注点（Poling & Hupp，2008）。

近年来，越来越多的隐喻研究采用定量研究方法（Jaworska，2017；王小潞，何代丽，2015；胡春雨，徐玉婷，2017），弥补了内省法的弊端。其中，回鸣值（Charteris-Black，2004：89）和词目词形比（陈敏，谭业升，2010）是常用的定量研究方法，已被应用于相关研究中（陈林海，安晓灿，2016；董革非，王倩倩，2019）。回鸣值是隐喻表达类符和形符的乘积，反映语料库中源域的出现频率，可以预测某个概念隐喻的能产性。词目词形比是某类概念隐喻类符和形符的比值，体现某类概念隐喻的新奇度或规约度。一般情况下，只有词目的增加才能增强某一隐喻模式，因此词目词形比与新奇度成正比,与规约度成反比。本文拟采用回鸣值和词目词形比的定量研究方法,分析病患语篇涉及的死亡隐喻。

已有的对死亡隐喻的研究较少关注真实的自然语篇的死亡隐喻。因此,本文将以汉语抗癌日记为语料,通过定量和定性分析,总结死亡概念隐喻的特点,探讨死亡隐喻概念化的规律。研究问题包括:作者在日记中使用了哪些死亡概念隐喻? 死亡概念隐喻具有哪些特征?

2 研究方法

2.1 语料

《在天堂的门口:抗癌日记》为作者周声华(2004)在抗癌过程中所作,呈现了他与病魔抗争时的真实感受和心路历程。全书共 15.7 万字,以作者确诊舌癌为开端,记录了治疗和生活中的点滴,反映了作者从个人抗癌经历出发,对生命和死亡的思考。

2.2 研究步骤

我们采取定量和定性分析相结合的方法,收集和分析语料,具体分为以下五步。

(1)以概念隐喻理论和相关文献中的死亡隐喻类型为基础,仔细研读文本、甄别出死亡概念隐喻及对应的隐喻关键词,视关键词为类符,一共找出 13 类可供分析的死亡隐喻及 81 个隐喻类符。

(2)利用 NLPIR 汉语分词系统对文本进行分词,建立语料库。

(3)使用 AntConc 3.2.1,依次检索上述类符。由于某些类符在文本中既有隐喻用法,也有非隐喻用法,我们参考 MIP(Metaphor Identification Procedure)(Crisp, Gibbs, Deignan, et al., 2007)进行隐喻用法识别。具体识别方法是,在理解全文内容的基础上,比较关键词的语境意义和基本意义,如果二者形成鲜明对比且语境义的理解可以通过对比获取,则该关键词具有隐喻用法。存在隐喻用法的关键词被视为形符。

(4)基于类符数量和形符数量,计算回鸣值和词目词形比。

(5)通过分析上述数据和原文本,总结死亡概念隐喻的类型和特征。

3 汉语中死亡的概念隐喻化

3.1 死亡概念隐喻的规约性和新奇性

数据表明,汉语死亡隐喻共有 13 种类型,但每种类型死亡隐喻的使用情况存在较大差异。从类符和形符的数量来看,"死亡是旅途"的类符和形符数量均排在首位,其类符主要包括离开的行为和旅途最后到达的不同目的地,初步判断旅途是死亡隐喻中最常使用的源域,作者多次使用旅途隐喻来表达对死亡的看法;"死亡是熄灭""死亡是受刑""死亡是高大物体的崩塌""活着是后,死去是前"这四类概念隐喻的类符单一、形符数量少,可见作者较少使用相关表达;其余死亡隐喻的类符和形符数量处于中等水平。

从回鸣值的大小来看,各类隐喻的回鸣值在 1～3224 的区间内波动,最小值为 1,包括"死亡是受刑"和"死亡是高大物体的崩塌",二者各自的隐喻表达在语料中均出现了 1 次,产率相当低,而"死亡是旅途"的回鸣值远远大于其他死亡隐喻,为 3224,彰显了该隐喻在语料中的主导地位,即作者倾向于使用旅途隐喻来表达自己对死亡的态度和观点,"死亡是旅途"已经深深地嵌入作者的死亡观中。

从词目词形比来看,"死亡是人"的比值最小,为 0.24,说明其在所有的隐喻中规约度最高,即作者使用的相关隐喻表达较为固定、重复率高,如"上帝"和"阎王"的出现频率分别高达 15 次和 10 次,远超同类别其他隐喻表达出现的频率,这说明在作者的观念里,死亡常被拟人化为上帝和阎王,掌握着世人的生死大权;相反,"死亡是熄灭""死亡是受刑""死亡是高大物体的崩塌"的词目词形比均达到了最大值 1,也就是说,不同的隐喻表达只出现了 1 次,在文本中是独一无二的,所以其代表的概念隐喻新奇度最高。此外,一般来说,"死亡是结束"属于规约度较高的概念隐喻,但本研究显示其词目词形比位居第二,即规约度较低、新奇度较高,考虑到本研究的语料是个人的抗癌日记,因而作者的写作特点、思维方式等可能是重要的影响因素。

各类死亡隐喻的类符数量、形符数量、回鸣值和词目词形比对比情况如表 1 所示。

表 1 各类死亡隐喻的类符数量、形符数量、回鸣值和词目词形比对比情况

概念隐喻	类符数量	形符数量	回鸣值	词目词形比
死亡是旅途	31	104	3224	0.30
死亡是人	10	42	420	0.24

续表

概念隐喻	类符数量	形符数量	回鸣值	词目词形比
死亡是熄灭	2	2	4	1.00
死亡是结束	11	14	154	0.79
死亡是日落	9	12	108	0.75
死亡是告别	4	10	40	0.40
死亡是受刑	1	1	1	1.00
死亡是下	4	8	32	0.50
死亡是失去所属物	3	5	15	0.60
死亡是高大物体的崩塌	1	1	1	1.00
活着是后，死去是前	1	2	2	0.50
死亡是循环	2	6	12	0.33
死亡是边缘线	2	3	6	0.67
总计	81	210		

"死亡是旅途"的高产率和高规约度证明了其在死亡概念表达中占据主导地位，其主导性离不开重要的意象图式基础。旅途建立在"起点—路径—目标"意象图式的基础上，该意象图式包括三大要素：起点、终点和二者之间的路径，人们可以根据不同的终点决定道路的方向（Johnson，1987：113-114）。因此，旅途的意象图式被映射到死亡目标域：旅行者对应死者，旅行者的终点对应最终的死亡归宿，离开的行为对应死亡事件，沿路旅途对应想象中死者经过的地方。"起点—路径—目标"意象图式的高度抽象性和概括性为"死亡是旅途"提供了广阔的表达空间，具体表现为作者使用了强调不同要素的隐喻表达，例如，在"死亡是旅途"的相关表达中，既有强调起点的"走""离开"等，也有表示旅途终点的"天堂""西天""极乐世界"等。

① 而眼前的这日记，却是面对着绝症的挑衅，面对着死亡的威胁写出来的，每一个文字都是以他的生命的烛火苦苦煎熬熔炼铸造出来的啊！
② 这就更贻人以风烛残年的印象。

根据词目词形比可知，"死亡是熄灭""死亡是受刑""死亡是高大物体的崩塌"是文本中新奇度最高的三个隐喻，且在以往研究中被较少讨论。"死亡是熄灭"把活着的人隐喻为正在燃烧的蜡烛，跳动着的火焰是生命力的象征，蜡烛熄灭对应个体的死亡。例① 是作者友人对于抗癌日记的评价，他认为每个文字的创作都消耗着作者有限的生命烛火，渗透了对生命最本质的感悟，例②中的"风烛残年"勾勒出了在风中摇曳、随时可能熄灭的蜡烛意象，患病的作者自嘲给他人留下了"风烛残年"的印象，生命的脆弱感体现得淋漓尽致。"死亡是受刑"将濒死之人隐喻为即将受刑之人，死亡就是他们面临的严厉刑罚，去世前他们不仅要独自面对这"刑"，还要遭受附加的折磨——预知自己将死的事实。在"死亡是高大物体的崩塌"的映射关系中，人对应高大的物体，例如山陵，高大的物体一般给人以威严、崇高之感，因此被隐喻为高大物体的人往往具有较高的社会地位并受人尊重，人的死亡对应高大物体的崩塌，该隐喻给人以较强的直观性和动态感，是新奇度较高的死亡隐喻。

3.2 死亡概念隐喻的类型

本研究发现的死亡隐喻分别是"死亡是旅途""死亡是人""死亡是熄灭""死亡是结束""死亡是日落""死亡是告别""死亡是受刑""死亡是下""死亡是失去所属物""死亡是高大物体的崩塌""活着是后，死去是前""死亡是循环""死亡是边缘线"。以下以"死亡是旅途"和"死亡是失去所属物"为例，对具体例句展开分析。限于篇幅，关于其他 11 种死亡概念隐喻的介绍以描述文中词汇的隐喻用法为主。

（1）"死亡是旅途"。

"死亡是旅途"将死亡概念域和旅程概念域相联系，旅程的基本要素和死亡之间存在多重映射关系。具体来说，旅者对应逝者，文中作者亲历了前妻、姐姐等亲近之人的死亡，这些逝去的亲朋就是死亡之旅的主人公；旅者动身出发对应死亡事件的发生，"走"了、"去"了、"离开"以及"上路"均用来指代死亡；旅者的目的地通常是"天堂""地狱""远方"和"彼岸"等，在那里他们被认为得到了最后的安息。

①　人不能违背自然规律，该"走"的时候就得"走"。
②　她在最后离开这个世界时，是揣着一片生命的绿意的啊！
③　开始在电脑上写《在天堂的门口·抗癌日记》。
④　此刻，在生和死的门坎上，吃这种后悔药也没有什么意义了。

在例①和例②中，"走"和"离开"等动词性质的类符是生命结束的标志，"走"一般单独使用，用来委婉地表示死亡，"离开"是以现世、这个世界为出发点，开启想象中的死亡之旅；例③和例④提到了"门"的概念，作者把天堂塑造成一个有出入口的安息地，这是死亡之旅的最后一步，旅者入门后就真正到了天堂，但站在天堂的门口并不总是代表死亡，而是在濒死的边缘游走，如果抗癌没有成功，作者就会踏入那扇门，得到最后的安息。

（2）"死亡是失去所属物"。

生命对每个人来说都是宝贵的财物，健康地活着就是完好无损地持有这些财物，但时间的流逝会让财物逐渐减少，失去生命就是彻底失去宝贵的所属物，"丧了命""库存""失去"是该隐喻在语言上的典型表达。

　　① 我正在向"古稀"迈进。你还拥有着生命的库存。这对你很不公平。
　　② 项羽，"力拔山兮气盖世"，年纪轻轻就丧了命；当然他是兵败乌江自刎而死。
　　③ 她决不能失去他，因为丈夫已是她心之所系，命之所依，魂之所寄。
　　④ 她可以不要富贵，不要荣耀，不要安乐，不要哪怕是隔夜粮，而不能再失去丈夫。

在具体的映射关系中，至高无上的生命对应宝贵的物品，例① 中作者使用"库存"来隐喻妻子余下的生命时日，相比之下，自己的"库存"就要见底了，如果自己抗癌失败，妻子只能独自活在悲痛中，直至"库存"耗尽。拥有生命的人对应宝贵物品的所属者，不只是作者自己，所有的亲人、朋友乃至陌生病友都是生命的主人。生命的流逝对应物品数量的逐渐减少，生老病死的自然规律使得人们的在世时间总在减少，因而所拥有的物品数量也随之减少，是不可逆的过程；最后，生命的终结对应失去或者耗尽宝贵的物品。例② 中，作者提及项羽之死，称其为"丧了命"，项羽身为一代英雄，自刎乌江边的结局让人惋惜，例③ 中，妻子将"我"的生命看得极其宝贵，"我"是妻子活下去的情感根基，因而她决不能"失去""我"，例④进一步佐证了妻子对"我"的深厚感情，"我"的生命远高于荣华富贵，是世界上最宝贵的财富。

（3）"死亡是人"。

当死亡被当作人，世人的生死大权都掌握在这些似人的"上帝"和"死神"手中，动词"主宰""威胁""招手""擦身而过"刻画出死亡带来的压迫感，无论人们如何与其殊死搏斗，最终都要去见"上帝""死神""阎王""主宰"等，但"质问""拒绝""投降""拔河"等动词生动地展现出作者面对恶疾时不言弃的斗争精神。

（4）"死亡是熄灭"。

"死亡是熄灭"建立在概念隐喻"生命是燃烧"的基础上，二者把人生比作燃烧的蜡烛或一团火焰，如"烛火"，刮风、下雨等外界因素对应人生的苦难和挫折，即将熄灭的时刻对应人生的老年阶段，如"风烛残年"，最终的熄灭对应不可避免的死亡。

（5）"死亡是结束"。

任何事件都涵盖了一定的空间或时间，都有结束。死亡作为生命的结束，可以被看作其他具体事情的结束，常见的是旅途的结束，如"终点站""尽头"和"末路"，也有时间上的结束，如"临终""最后时刻"，以及较为少见的戏剧"未终"而"骤止"、乐曲"未竟"而"弦断"。这类隐喻大多以对应的人生隐喻为前提，死亡是人生隐喻的反面。

（6）"死亡是日落"。

在这类隐喻中，人的一生被隐喻为自然界中太阳的东升西落：早上的太阳对应青少年以及朝气蓬勃、充满生命力的状态，如"黎明""日出"；正午的骄阳对应壮年，各方面发展都达到了顶峰；傍晚的夕阳对应老年，饱经风霜、参悟人生，如"暮色四合""晚霞""余辉"和"迟暮"；落日西沉对应人的死亡，一切归于沉寂和黑暗，如"落"。

（7）"死亡是告别"。

"死亡是告别"把死亡视作与所爱之人、事物的分离，活着使人们相逢和团聚，死亡则意味着人与人、人与世界的分别。从逝者的角度出发，逝者"告别"熟悉的亲朋和世界；从生者的角度出发，亲朋"送走""别""送"已故之人。与生活中的告别不同，死亡带来的告别永无归期。

（8）"死亡是受刑"。

这类概念隐喻将直观具体的刑罚概念映射到死亡域，认为濒死之人即为临刑之人，死亡就是接受刑罚，所有人最终都要站在人生的刑场上，无论生前好坏，都要面对生命最公正的审判，接受最后的"刑"，刑罚的痛苦使得这类隐喻通常用来表达作者对死亡的消极态度。

（9）"死亡是下"。

"死亡是下"利用人们对空间方位的体验来理解死亡概念，属于方位隐喻，与"生命是上"相辅相成。一般来说，充满生命力的人坐姿、站姿等都是向上的姿态，而人在生病和死亡时身体呈躺卧姿态，且尸体常被埋在深深的地下。此外，地狱、阴曹地府等死后灵魂的归属地通常也被认为在地下，因此"下"与死亡联系紧密，文中相关表达有名词"悬崖""边沿"和动词"下地""掉"。

（10）"死亡是高大物体的崩塌"。

在这类隐喻中，人被隐喻为支柱、山陵等高大的物体，物体的崩塌对应生命的结束。由于山体等具有高大巍峨的特点，该隐喻一般用于有地位之人的死亡，在封建时代，一般称帝王之死为"崩"，也称"驾崩""山陵崩"。

（11）"活着是后，死去是前"。

出生和死亡存在时间顺序上的先后关系，一个人生在先、死在后，年长者的生命历程早于年轻人开始,因此前后的时间概念分别用来代表已逝之人和在世之人,如"先父"指的是逝去的父亲,"晚辈""后生"指的是较晚出生的年轻人。此外,"前""先""后""晚"的使用范围较为局限,常用来修饰名词,而不单独使用。

（12）"死亡是循环"。

在"死亡是循环"中,生命和死亡处于首尾相连、相互转化的循环模式,即死亡并不意味着生命的终结,而是下一世生命的起点。这类隐喻与宗教关系密切,一些宗教认为人死后会进入"轮回",重新投胎做人,开启自己的"来世"。

（13）"死亡是边缘线"。

"死亡是边缘线"把生命和死亡看作一线之隔,一边对应着生,而另一边对应着死,如文中的"边缘"和"死亡线",一旦越过边缘线,人的生命就走到了尽头,而作者则是在"死亡线"上挣扎并写下了抗癌日记。此外,中国传统围棋文化中也存在"死亡线"一说,按照规则,棋子越接近边缘的死亡线,输的可能性就越大,一旦被围困到死亡线上,棋子就没有了活路,因此该隐喻与传统围棋文化可能也存在一定的关联。

本研究发现的上述汉语死亡隐喻和其他学者探讨的死亡隐喻类型存在很多共性,例如,"死亡是人"(Lakoff & Turner, 1989),"死亡是旅途"(Shurma & Lu, 2016)、"死亡是失去所属物"(Kövecses, 2010)、"死亡是结束"(Crespo Fernández, 2011, 2013)、"死亡是下"(Lakoff & Johnson, 1980)。在本文讨论的死亡隐喻中,也有上述隐喻研究未提及的其他类型,例如,"死亡是高大物体的崩塌""死亡是边缘线"等。

综上所述,这些死亡隐喻的源域覆盖面广,涵盖了基本的自然现象、时空概念和常见的行为、事件等。"死亡是熄灭"以蜡烛熄灭为源域,"死亡是日落"以太阳落山为源域,"死亡是高大物体的崩塌"以山体崩塌为源域,这些均是常见的自然现象;"死亡是下"和"活着是后,死去是前"分别以空间方位中的上下和时间概念中的先后作为源域;旅行是普遍存在的人类活动,其事件结构与人的生存在相似之处,因而是生命和死亡隐喻中常见的源域,既有"生命是旅途,死亡是旅途的终点",也存在"死亡是旅途";"结束""告别""受刑""失去"等行为也被用作死亡的源域。除此之外,在"死亡是人"中,抽象的死亡被赋予人的特征,因此死亡成为一个有自主意识、能决定人们生死的关键人物。

4　汉语死亡概念隐喻的特征

本文中的定量数据有助于展示死亡概念隐喻的类型以及使用频率。基于收集到的这些语料,笔者将进一步探讨死亡隐喻在文本中的特征。

4.1 等级性弱化

在汉语语境下,死亡概念隐喻反映了中国传统社会中的等级观念,其中最典型的就是"死亡是高大物体的崩塌"。在封建时代,中国社会的等级观念根深蒂固,这反映在语言上,就是不同社会等级的群体有专属本群体的用语,一般不能越级使用,否则就会被视为大逆不道。提及"死亡",社会等级从高到低的天子、诸侯、大夫、士和庶人的死亡分别被称为"崩""薨""卒""不禄"和"死"。古代皇帝作为维护社会和平与稳定的重要力量,是国家和平民百姓的精神支柱,皇帝的死使江山社稷缺少了支撑,如同支柱崩塌。因此,"死亡是高大物体的崩塌"体现了中国古代严格的等级观念和阶级性,是汉语死亡隐喻的独特性所在(许谦,2008;赵振华,程丽华,2012)。"崩"的主语往往是皇帝、皇后等社会地位高的人物,而不是生活中的普通人。

> 因凶险疾患而酿造的悲惨故事,见得多了,也听得多了。中道折翅,英年崩殂,剧未终而骤止,曲未竟而弦断,见得多了,也听得多了。

但是,本研究语料显示,死亡的社会等级性被弱化。作者在上面的例子中使用了该概念隐喻,写到有人因为恶疾"英年崩殂",一般来讲,这位"崩殂"的人物应是皇帝、皇后,但结合具体语境来看,作者是在讲述别人患恶疾而去世的悲惨故事,不一定指皇帝"崩殂"。我们认为,"死亡是高大物体的崩塌"虽然自身带有明显的等级观念和阶级性,但在文中其应用并没有受到太大的限制,等级观念有所消减。社会、文化的发展以及使用者本身的表达需求使得该隐喻的等级观念减弱,使用范围也进一步扩大,人们在对普通人的死亡进行隐喻概念化时有了更多的选择,"死亡是高大物体的崩塌"不再是尊贵人物的专属死亡概念隐喻。

4.2 意象强弱性

上文讨论的13种概念隐喻因不同的源域选择而呈现出不同程度的意象性。某些隐喻给人以更直观和更具体的意象,而另外一些则相对模糊、抽象。通过观察,我们可以发现,"死亡是熄灭""死亡是日落"和"死亡是高大物体的崩塌"在所有死亡隐喻中具有较强的意象性。"死亡是熄灭"在人的认知中塑造了蜡烛和火焰的意象,人生是一团熊熊烈火或自我燃烧的蜡烛,会因为刮风、下雨、缺乏燃料等熄灭,迎接最终的死亡,因而该隐喻的使用营造出了蜡烛和火焰熄灭的场景;"死亡是日落"则建构了傍晚夕阳西下的完整意象,"日落"作为自然界常见的天象,能普遍引起人们对于太阳落山画面的联想和想象；同样地，"死亡是高大物体的崩塌"将有权势之人隐喻为山陵这样巍峨雄壮的高大物体，"崩塌"一词给人以视觉和听觉上的强大冲击力，也能给人带来心灵和情感上的震撼。上述三个死亡隐喻的源域均是常见的自然现象，存在认知上的普遍性，且限定主体和事件消除了模糊性，即在一般情况下，只有蜡烛和火焰才能熄灭，只有太阳才能落山，只有高大的物体才会崩塌，因而产生了很强的意象性。

相比之下，抽象、宽泛的源域往往不能赋予概念隐喻以较强的意象性，如"死亡是结束""死亡是下""活着是后，死去是前"。"死亡是结束"强调"结束"事件的发生，而没有明确结束的主体，如果时间是主体，那么时间上的结束可以是一天中的黑夜、一年中的冬季或是生命的最后一秒等，如文中的"最后时刻"；如果空间是主体，那么空间上的结束一般是旅途的终点、道路的尽头等，如文中的"终点站"和"尽头"。"死亡是下"仅仅给出了下的方位概念，无法在认知中形成具体的意象，只有结合文本语境，才能进一步明晰"下"的相关意象，如文中的"悬崖""边沿"和"掉到"共同勾勒出人从悬崖边跌落、粉身碎骨的画面。"活着是后，死去是前"利用时间上的先后顺序作为源域，导致读者在大脑中无法产生相应的意象，且该隐喻的用法有限，常出现在"先父""后辈"等固定搭配中，表示出生顺序的先后和辈分的大小，不与具体的物体、行为和事件直接关联，因而意象性也较弱。

概念隐喻的确可以唤起丰富的视、听、嗅、触等感官意象，产生一种心理张力，引起读者的共鸣（崔晓霞，2009；孙楠，2013），且隐喻的使用能够增强文本的意象性（束定芳，2000：182-190）。本研究在二者的基础上更强调隐喻产生的意象性也存在强弱程度之分。源域越具体、越明确，其带有的意象性就越强，即使不将其放到具体文本中，其也能激发认知中的相关意象；而源域越抽象、越宽泛，就越无法直接对应某个意象，需要结合上下文才能形成对死亡隐喻的具体理解。

4.3　情感两极性

汉语死亡隐喻反映了明显的积极或消极情感色彩。源域到目标域的映射使得源域的一些特征包括情感色彩也被映射到目标域，从而赋予目标域以相似的情感。在"死亡是旅途"中，人们死后去的地方存在着好坏之分，这些地方会赋予死亡目标域积极或消极的情感态度，其中最典型的是"天堂"和"地狱"。某些宗教认为天堂是美好的地方，正直善良的人死后灵魂进入天堂，地狱则是死后灵魂受苦的地方。在日记中，作者把自己经历的舌部手术比作惨无人道的刑罚，可见他在治疗过程中承受了巨大的痛苦，随时都有可能"下地狱"而不是"上天堂"，整体的情感色彩比较消沉；"驾鹤西去"是中国人对死亡常用的一种避讳说法，鹤作为一种吉祥的灵鸟，在中国古代是长寿的象征，所以作者使用"驾鹤西去"表达了对邻居老人的尊重、祝福之意，显示出不同于"地狱"的相对轻松、释然的情感态度。此外，"极乐世界"是佛教认为的光明、纯洁、快乐的地方，也蕴含了积极的情感态度，作者将其描述为一个可以安顿灵魂的处所，漂泊的灵魂能在极乐世界得到归宿，因此人们会借助对"极乐世界"的理解来减少对未知死亡的恐惧。

> 人总是要走的，走就干脆地走得了，何必让他有预感，有先期的资讯，有个行前的缓冲期，让他经受"刑"前无端的折磨呢！

"死亡是告别""死亡是受刑"和"死亡是失去所属物"则整体表现出消极的情感色彩，分离、遭受刑罚以及失去的痛苦被映射到死亡目标域。告别常常充斥着不舍与无奈，概念隐喻将这种不舍与无奈之情赋予死亡。作者在医院偶遇一位病友，这位病友年纪轻轻就患了鼻咽癌，错过了手术治疗的最佳时机，只能靠放疗来稳定病情，且家中还有年幼的孩子需要照顾，这位病友预知自己活不久了，可能"即将告别人世"，内心充满了遗憾与不舍，生活中的告别或许还能重逢，但死亡之下的告别却无归日，告别所带来的分离的悲痛为死亡蒙上了阴郁的色彩。人们对于刑罚的认知为"死亡是受刑"奠定了消极的感情基调，刑罚不仅让受刑者，也让其亲近之人遭受身心上的痛楚。上述例句是作者手术前对死亡的思考，在他看来，死亡就如同遭受严酷的刑罚，本身就是痛苦的过程，如果在死亡前还能预知并不断获得自己将死的讯息，无疑是更大的折磨，在这里作者把死亡隐喻为受刑，受刑的痛苦对应死亡的痛苦，表达了作者对手术成功不抱希望的心情，对于作者来说，他宁愿痛痛快快地死去，不再遭受手术的折磨。"死亡是失去所属物"关注死亡带来的消极后果，"丧"和"失去"作为典型的类符均带有明显的消极情感，其中"丧"多指凶死或暴病而死，作者在前文中提到项羽的事迹，项羽在战争中失利，选择在乌江边自刎，"丧了命"突出项羽之死的意外性和不可预知性，让人为之惋惜。

本研究进一步佐证了 Bultnick（1998：86）的相关论述，他认为对概念隐喻"死亡是旅途"的价值判断取决于其选择的目的地，因此"死亡是旅途"呈现的情感往往取决于目的地的类型，目的地所带有的情感色彩会被映射到死亡目标域，表现出使用者对死亡所持的情感态度，且选择带有积极情感态度的目的地能够减轻生者的痛苦，为生者带来心灵上的安慰（Crespo Fernández，2011）。此外，除了"死亡是失去所属物"是对死亡的消极情感体验，强调死亡是不可控的致命厄运，表达人们面对死亡时的无助感（Crespo Fernández，2011），我们通过观察还发现，"死亡是告别""死亡是受刑"也具有明显的消极情感,三者均把源域的痛苦情感映射到死亡目标域,以表达人们对死亡的悲观态度。

5 结语

本研究以一名癌症患者的抗癌日记为语料,采用定量和定性结合的方法,对汉语死亡概念隐喻进行了分析和解读。在定量研究的基础上,我们发现作者使用了多种隐喻来塑造死亡概念,且源域的覆盖范围较广。各类死亡隐喻的具体使用情况差异较大,既有占主导地位的常规隐喻,也有新奇度较高的隐喻,这可能与作者的写作习惯、个人身份、经历等相关。"死亡是旅途"作为产率最高的死亡隐喻,建立在"起点—路径—目标"意象图式的基础之上。从定性研究的角度来看,某些概念隐喻虽源于封建社会的等级观念,但在实际使用中等级性弱化、适用范围进一步扩大。不同类型的源域影响死亡隐喻意象表达的具体程度,一些隐喻意象性较强,另一些则较弱。源域到目标域的映射赋予了死亡概念以源域的情感色彩,在具体的语料中,这些积极和消极的情感得以展现,是作者表达个人感情和死亡观念的重要途径。

本文重点关注个体在真实生活中使用的死亡隐喻,更有利于探究死亡隐喻的具体使用特点,以及使用者如何利用隐喻表达自己的情感态度和死亡观念,可为死亡观的研究提供语言方面的论据。本研究主要关注汉语中的死亡隐喻,未来将关注英语病患语篇中的死亡隐喻,分析中英死亡隐喻的共性和差异。

参 考 文 献

[1]Bultnick B. Metaphors We Die by: Conceptualizations of Death in English and Their Implications for the Theory of Metaphor[M]. Antwerpen: Universiteit Antwerpen, 1998.

[2]Charteris-Black J. Corpus Approaches to Critical Metaphor Analysis[M]. Hampshire and New York: Palgrave Macmillan, 2004.

[3]Crespo Fernández E. Euphemistic conceptual metaphors in epitaphs from Highgate Cemetery[J]. Review of Cognitive Linguistics, 2011, 9(1):198-225.

［4］Crespo Fernández E. Euphemistic metaphors in English and Spanish epitaphs：A comparative study［J］. Journal of the Spanish Association of Anglo-American Studies，2013，35(2)：99-118.

［5］Crisp P，Gibbs R，Deignan A，et al. MIP：A method for identifying metaphorically used words in discourse［J］. Metaphor and Symbol，2007，22(1)：1-39.

［6］Heynderickx P C，Dieltjens S M. An analysis of obituaries in staff magazines［J］. Death Studies，2016，40(1)：11-21.

［7］Jaworska S. Metaphors we travel by：A corpus-assisted study of metaphors in promotional tourism discourse［J］. Metaphor and Symbol，2017，32(3)：161-177.

［8］Johnson M. The Body in the Mind［M］. Chicago and London：The University of Chicago Press，1987.

［9］Kövecses Z. Metaphor：A Practical Introduction［M］. 2nd edition. Oxford：Oxford University Press，2010.

［10］Lakoff G，Johnson M. Metaphors We Live by［M］. Chicago：The University of Chicago Press，1980.

［11］Lakoff G，Turner M. More than Cool Reason：A Field Guide to Poetic Metaphor［M］. Chicago：The University of Chicago Press，1989.

［12］Lu Weilun. Cultural "signs of life" in politics：A case study of eulogistic idioms for Taiwanese politicians［A］//Da Silva Sinha V，Moreno-Núñez A，Zhen Tian. Language，Culture，and Identity—Signs of Life. Amsterdam：John Benjamins Publishing Company，2020a：141-156.

［13］Lu Weilun. Cultural conceptualizations of death in Taiwanese Buddhist and Christian eulogistic idioms［A］//Sharifian F. Advances in Cultural Linguistics. Singapore：Springer Nature Singapore Pte Ltd，2017.

［14］Lu Weilun. Viewpoint and metaphor in culture：A cognitive linguistic analysis on a selection of Chinese eulogistic idioms used in Taiwan［J］. Cognitive Linguistic Studies，2020b，7(1)：254-274.

［15］Marìn-Arrese J I. To die，to sleep：A contrastive study of metaphors for death and dying in English and Spanish［J］. Language Sciences，1996，18(1-2)：37-52.

[16]Poling D A,Hupp J M. Death sentences:A content analysis of children's death literature[J]. The Journal of Genetic Psychology,2008,169(2):165-176.

[17]Shurma S,Lu Weilun. A cognitive poetic analysis of LIFE and DEATH in English and Ukrainian:A multiple-parallel-text approach to Hamlet's Soliloquy[J]. Theatralia,2016,19(2):9-28.

[18]Vivat B. "Going down" and "getting deeper":Physical and metaphorical location and movement in relation to death and spiritual care in a Scottish hospice [J]. Mortality,2008,13(1):42-64.

[19]陈林海,安晓灿. 英汉经济贸易语言中的概念隐喻对比研究[J]. 当代外语研究,2016(3):4-8+15+93.

[20]陈敏,谭业升. 一项基于语料库方法的英汉"并购"隐喻研究[J]. 外语与外语教学,2010(3):16-20.

[21]陈琦. 从"死亡"隐喻的语义认知模式看中德文化心理图式[J]. 上海理工大学学报(社会科学版),2011,33(3):223-226.

[22]崔晓霞. 英诗中隐喻意象性的张力之美[J]. 大众文艺,2009(23):82.

[23]董革非,王倩倩. 基于Wmatrix的美国教育语篇中隐喻模式研究——以布什和奥巴马教育演讲为例[J]. 东北大学学报(社会科学版),2019,21(1):96-103.

[24]何中清,赵晶. 认知诗学视域下艾米莉·狄金森诗歌中的"死亡"隐喻分析[J].西安外国语大学学报,2019,27(3):1-6.

[25]胡春雨,徐玉婷. 基于汉英媒体语料库的"经济隐喻"对比研究[J]. 外语教学,2017,38(5):38-43.

[26]李宝珠,王翔.从认知角度解读济慈诗歌中的死亡隐喻[J]. 长江大学学报(社会科学版),2013(4):33-34.

[27]李思国,姜焱. 英汉"死亡"代用语跨文化对比分析[J]. 外语与外语教学,2001(11):52-54.

[28]尚绮. 中英死亡隐喻对比[J]. 高等函授学报(哲学社会科学版),2007(2):69-72.

[29]施春霞,叶少晖. 从认知视角解读约翰·邓恩诗歌中的"死亡"概念隐喻[J]. 现代语文,2014(2):80-82.

[30]束定芳. 隐喻学研究[M]. 上海:上海外语教育出版社,2000.

[31]孙楠. 浅析隐喻在广告英语中的意象性运用[J]. 林区教学,2013(5):57-59.

［32］王小潞，何代丽.基于语料库的英汉情感隐喻对比研究［J］.外国语文研究，2015，1（2）：27-33.

［33］王小平.英语和汉语中的死亡隐喻比较［J］.重庆科技学院学报（社会科学版），2014（9）：103-106.

［34］许谦.汉英死亡隐喻跨文化对比研究［J］.四川教育学院学报，2008，24（12）：80-82＋87.

［35］赵振华，程丽华."死亡"概念隐喻——基于英汉语料的对比研究［J］.桂林航天工业高等专科学校学报，2012，17（3）：303-306.

［36］周声华.在天堂的门口：抗癌日记［M］.武汉：武汉出版社，2004.

通信地址： 430074 华中科技大学外国语学院

晋月露（906338202@qq.com）

黄 洁（huangjie@hust.edu.cn）

文化与文学研究

Culture and Literature Studies

试谈《戴妈妈》中的历史传承和回忆

北京大学外国语学院　方舒琼

摘　要：格洛丽亚·内勒(Gloria Naylor)是 20 世纪美国文学史上非常具有代表性的非裔女作家。她的第三部小说《戴妈妈》一经出版便激起了中西方诸多学者和批评家来自不同角度的分析和论辩。但这些中西方的研究和评论基本上都很少聚焦在格洛丽亚·内勒叙述历史和回忆的方式上，亦少有学者关注内勒是如何将过去、现在和未来三者联系起来的。本文通过探究内勒重建历史和回忆的技巧，来揭示她是如何通过独特的第一人称集体型叙述声音、百衲被式拼接的叙事模式和无声胜有声的非语言叙事表达巧妙地将过去、现在和未来联结起来，从而创造了一个常读常新且富有后现代小说叙事特点的故事。

关键词：《戴妈妈》；历史传承；回忆；重建；叙述声音

On Historical Inheritance and Memory in *Mama Day*

Abstract：Gloria Naylor is one of the most iconic African-American female writers in twentieth-century American literature. Once published，her third novel *Mama Day* has provoked heated debate among scholars and critics abroad and at home. However，few of these discussions have focused on the way that Gloria Naylor tries to narrate history and memory，nor have they probed into Naylor's way to connect the past，the present and the future. This essay aims at exploring Naylor's sophisticated way to reconstruct history and memory，so as to reveal how she connects the past，the present and the future through the unique first-person communal narrative voice，the quilting narrative mode and non-verbal narratives，creating a typical post-modernism story.

Key words：*Mama Day*；historical inheritance；memory；reconstruction；narrative voice

一提到 20 世纪最有才华的非裔美国女作家，我们比较耳熟能详的就是托妮·莫里森(Toni Morrison)，而对格洛丽亚·内勒(Gloria Naylor)则较为陌生。实际上，格洛丽亚·内勒与托妮·莫里森、爱丽丝·沃克(Alice Walker)都是美国文学界非常具有代表性和影响力的非裔女作家。格洛丽亚·内勒的处女作小说《布鲁斯特街区的女人们》(*The Women of Brewster Place*)为她赢得了美国国家图书奖，同时也为她在美国文学界赢得了更为广泛的关注。迄今为止,格洛丽亚·内勒一共著有 6 部小说,分别是:《布鲁斯特街区的女人们》、《林顿山》(Linden Hills)、《戴妈妈》(Mama Day)、《贝利的咖啡馆》(Bailey's Café)、《布鲁斯特街区的男人们》(The Men of Brewster Place)和《1996》。《戴妈妈》是格洛丽亚·内勒的第三部小说。一经出版,这部小说便激起了中西方诸多学者来自不同角度的分析和论辩。学者 R. M. Brown (1999)曾评论说,《戴妈妈》是格洛丽亚·内勒作品中非常值得炫耀的一部小说。Brown 颇有见解地认为,一位作家的第一部小说通常对于读者和作家本身来说都是惊喜,而这位作家的第二部作品在绝大多数情况下都会令人比较失望,她的第三部作品则决定了这位作家是否能在文学创作的道路上走得更加长远并且拥有自己的职业生涯。换句话说,一位作家的第三部作品更能体现这位作家是否有长期驾驭文字的能力,是否能妙笔生花,并以此谋生。从这个角度来看,研究某位作家的第三部作品不失为一个不错的选择。笔者认为,《戴妈妈》的确是一部能展现格洛丽亚·内勒文字驾驭能力的小说。格洛丽亚·内勒自己也在一次采访中谈到,"写完我的第二本小说《林顿山》之后,我变成了一个有自我思想的作家"(Bonetti,1988)。这种自我思想悄无声息地融入《戴妈妈》,呈现给我们的是无尽的惊喜。"格洛丽亚·内勒拥有引人瞩目的幽默感、丰富的漫画式观察,以及一种不可言喻的品质——'热忱'",Brown 曾评论道,"(在《戴妈妈》一书中,)她有许多值得炫耀并且值得展现给读者的内容"。(Brown,1993:14)

《戴妈妈》是格洛丽亚·内勒创作的第三本小说,也正是这本小说真正巩固了格洛丽亚·内勒在美国非裔文学界的地位。小说一经出版,便引发了广泛的文学分析和论辩。比较有代表性的研究列举如下。Storhoff(1995)挖掘了《戴妈妈》中莎士比亚式的隐含文本。Boyd(1997)讨论了《戴妈妈》一书中黑人的"占领与所有权",并不时地将该作品与莎士比亚的《暴风雨》进行对比。Meisenhelder(1993)从学术研究的角度讨论了乔治、可可(奥菲莉亚)和米兰达(戴妈妈)之间错综复杂的、灵魂上的联系。Tucker(1994)则追溯了那些只属于非洲和美国黑人的独特习俗和传统,并特别研究了非洲的巫术、药学和医学。Christol(1994)探究了柳泉桃源(Willow Springs)[①]岛上那不同寻常的地理布局,并且证实了作者格洛丽亚·内勒将地理学和系谱学相结合的动机。Hayes(1997)则找出了大量的证据来证明《戴妈妈》是关于美国黑人的

---

① "Willow Springs"在一些作品中被音译为"威罗·斯普林斯岛"。在本文中,笔者将其翻译为"柳泉桃源",笔者认为"Willow Springs"意为"柳泉",且该小岛在小说中富有一定的魔幻色彩,故取"世外桃源"之意,将其翻译为"柳泉桃源"。下文也会根据不同的情况将其简称为"柳泉桃源岛"或"柳泉桃源社区"。多有鄙陋,望读者们指正。

一部魔幻现实主义小说。Simon(1988)在书评中引导我们去探索可可怎样融合白人和黑人各自的文化与历史的问题,并对可可是否能将自己种族的历史和文化传递给下一代这个问题提出了质疑。Lattin(1998)详细分析了小说中多维度的叙述声音和受述者的关系,并指出受述者就是了解美国黑人历史和文化的小说读者,作者格洛丽亚·内勒通过引导这些积极且愿意倾听的读者不断参与到文本中来,意在将黑人文化传统续写下去。

在西方学者研究的基础上,中国的学者们也对《戴妈妈》有不同的解读。曾艳钰(2007)阐释了作者格洛丽亚·内勒将种族和性别置于后现代语境下的重建方式、目的和结果。郑朝辉(2007)比较了《戴妈妈》和《凝望上帝》(*Their Eyes Were Watching God*)这两部小说,并由此得出结论,认为前者继承并发展了后者书中的美国黑人传统和叙事策略。杨帅(2007)深入挖掘了百衲被在小说中的含义,并从叙事学的角度探讨了与之相关的非裔女性主义的主题,印证了人与自然、与社会之间和谐共生的关系。任雪娇和魏兰(2016)从生态女性主义视角解读《戴妈妈》,试图指出小说中女性与自然之间和谐共处的关系是作者格洛丽亚·内勒所倡导的生态女性整体观,即建立一个男女两性、人与自然和谐共处的美好家园。马永峰(2009)则在前人的基础上进一步探讨了小说的魔幻现实主义风格,并从百衲被这一意象出发,来阐释小说中的后现代叙事特征。朱珊珊(2012)则将百衲被看作美国黑人文化传承的重要一环,并从女性主义理论的角度分析了黑人女性在柳泉桃源岛上不可替代的作用。

综上,西方文学界对《戴妈妈》的研究主要集中在对小说中某一具体要素的研究上(比如对非洲草药和巫术等的研究),而且能结合不同学科进行横向比较;而国内的英美文学界学者对《戴妈妈》的研究更加倾向于用相关理论框架系统分析某个主题(比如从女性主义理论的角度和魔幻现实主义的角度来分析小说),虽与国外的研究有一定差距,但也算各有春秋。然而,笔者整理了文献综述后却发现,这些中西方的研究和评论基本很少聚焦在作者格洛丽亚·内勒叙述历史和回忆的方式上,亦鲜有学者关注作者内勒是如何将过去、现在和未来三者联结起来的。因此,本文将通过探究内勒重建历史和回忆的技巧,来揭示她是如何通过不同的叙述视角(或叙述声音)、有黑人传统文化特色的叙事模式以及非语言的叙事表达等方法,巧妙地将过去、现在和未来联结起来,从而创造出了一个富有后现代小说特点的故事。

1 独特的第一人称集体型叙述声音

《戴妈妈》的小说结构非常突出,其中最显著的特点莫过于它的叙述视角。小说中有两个叙述者(可可、乔治),以及一个叙述声音(柳泉桃源社区的第一人称集体型叙述声音),而柳泉桃源社区这个第一人称集体型叙述声音还时而穿插着戴妈妈的自我意识。从某种程度上来说,作者内勒的叙事策略让笔者想到了福克纳在其长篇小说《在我弥留之际》(*As I Lay Dying*)中所运用的叙事技巧,即不断变化的第一人称叙述视角[①](Fowler,1996)。在小说《戴妈妈》中,故事借助三个交替的叙述声音展开。虽然故事的发展主线是可可和乔治的爱情,但我们能明显地看到柳泉桃源社区的第一人称集体型叙述声音占据了巨大篇幅。究其原因,是因为可可和乔治的叙述视角始终是分开的,而且他们之间的对话是在乔治去世14年之后,在柳泉桃源岛以无声回忆的方式进行的。因此我们可以看到,小说中大部分的叙事是由柳泉桃源社区这个第一人称集体型叙述声音自然地作为连接来向读者呈现的,而这个叙述声音也引导着整个故事的发展。在小说的序言里,这一集体型叙述声音引领我们读者在“没有人说话”(Naylor,1988:10)[②]的情况下努力去“听”,它向我们介绍了可可和乔治这对夫妻虽然同为黑人,却对柳泉桃源岛上的历史和文化有着不同的理解。它还引导我们去理解可可和乔治之间的对话,并摆脱以往对时间、现实和真相的假定。

这一集体型叙述声音首先向读者呈现了柳泉桃源岛的基本概况:坐落于海洋群岛上的柳泉桃源岛与美国的南卡罗来纳州和乔治亚州隔海相望,但这个岛却不属于任何一个州。岛上的居民不仅全部都是黑人,而且此小岛还归他们所有。小岛用一座由“木头和沥青”建造的桥与外界——特别是美国大陆——相连,而这座桥每隔69年就必须进行人工修葺(Naylor,1988:5)。如果我们在脑海里回想一下世界地图,就能发现柳泉桃源岛所处的位置实际上是美国离非洲最近的地方,这一点无论是从地缘上还是文化上来说都是如此。因此,作者格洛丽亚·内勒从一开始就隐性地为读者提供了一个线索,引导读者来寻找美国黑人失落的非洲历史和传统。正如评论家Tucker所指出的,“从历史来看,海洋群岛地区的占领者暨常住居民正是讲嘎勒语且具有嘎勒文化背景的黑人,他们主要是从非洲刚果和安哥拉来的”,这些人“被看作最反叛的黑人”(Tucker,1994:180)。作者格洛丽亚·内勒从某种程度上来说可能早已追溯到了这个历史纽带,也因此才能引领我们到柳泉桃源岛去认识它的传统和居民

---

①　内勒自己也承认,她曾经试图用第三人称过去时的叙述视角来写《戴妈妈》,但没有达到预期的效果。因此,她尝试着模仿福克纳《在我弥留之际》中的叙述结构来写《戴妈妈》。详见 Fowler V. A Conversation with Gloria Naylor[C] // Fowler V C. In Search of Sanctuary. New York: Twayne Publishers, 1996: 143-157.

②　本文中的原文引用皆来自小说 *Mama Day*,页码标注形式为 (Naylor,1988:页码)。因为该小说还未有中文版本,故引文里的中文为笔者自译,如有纰漏,敬请指正。

们。而柳泉桃源岛以及它的居民正是在莎菲拉·韦德的精神和魂灵的守护下生生不息。也因此,莎菲拉·韦德这位反抗的奴隶能被称作戴家族谱里伟大的先祖母,并且她也是柳泉桃源岛上居民的先祖母。

关于莎菲拉·韦德的具体描述,作者格洛丽亚·内勒从一开始就在小说的首页呈现了戴家族谱,并在第二页放置了莎菲拉·韦德作为黑奴的卖身契。不得不说,戴家族谱在追溯戴家姓氏源头的同时,也赋予了莎菲拉·韦德神圣的力量:"上帝在第七天休息,而她也是。'于是,家族的姓氏也就成了。"(Naylor,1988:2)此外,通过明确勾画出戴家族谱里的每一个人以及家族成员之间的关系,格洛丽亚·内勒得以用族谱将生者和逝者联系在一起——确切来说,就是将米兰达(戴妈妈)、艾比盖尔和可可与他们死去的家庭成员联系在一起。这样的设置是非常巧妙的:当读者读到戴妈妈和可可去了她们的祖屋暨墓地扫墓的内容时,就不会被她们祖先的叙述声音吓退;而当读者读到戴妈妈在秉烛夜游会(Candle Walk)与她的祖先通灵交流时,也就不会感到惊讶。这样的联系,正如 Reckley Sr.(1991)所说,也出现在死去的乔治和活着的可可之间的无声对话中,而他们之间的对话也构成了大部分叙事,并且这一叙事直指柳泉桃源岛上弥漫的非洲传统及信仰。至于莎菲拉·韦德的黑奴卖身契,笔者认为,那是作者内勒特意放在小说开头的,意在让读者知悉卖身契的全部内容。当读者读到小说的后半部分,戴妈妈在"别处"(the other place,即戴家祖屋和墓地)找到这份卖身契但无法辨读莎菲拉的全名和契约内容时,读者就会发现格洛丽亚·内勒在小说开头呈现卖身契的巧妙性及重要性。卖身契的不完整性实际上反映了小岛上的居民拒绝被"压迫者的话语权"定义,而这种拒绝是颠覆性的(Tucker,1994:183)。尽管戴妈妈最终在她的梦中"见到了莎菲拉"(Naylor,1988:280),她还是无法得知莎菲拉的名字,因为莎菲拉"不能告诉(戴妈妈)她的名字,因为没有人向戴妈妈提过这个名字,而这个名字也从没有被公开谈论过"(Naylor,1988:308)。在戴妈妈看来,发现这一名字的任务应该留给可可去完成。通过这样的方式,作者格洛丽亚·内勒实际上创造了一个具有高度象征意义的历史传承,包括戴家历史的传承和黑人非洲历史的传承。

文学评论家 Levy 指出,内勒成功地运用这个第一人称集体型叙述声音,将读者"迅速地、直观地带到柳泉桃源岛上,让他们感受直观的人与人之间的交流"(Levy,1999:272)。这一集体型叙述声音也邀请我们通过倾听它的声音和我们自己的声音来更好地理解柳泉桃源岛及它的居民。为了引起读者的注意,瑞玛的儿子被作为反面教材写在了小说的开头。瑞玛的儿子出生于柳泉桃源岛,在美国大陆上大学,却被大学教育所"腐蚀",写了一本关于柳泉桃源岛的书。书中声称所谓的柳泉桃源岛之谜"18 和 23"并非如字面所示,实际上指的是"81 和 32,而这两个数字恰好是柳泉桃源岛在地图上所处的经度和纬度"(Naylor,1988:8)。对此,小说中的第一人称集体型叙述声音告诉我们:对这对数字的颠倒是"断言了我们的文化身份"和"颠倒了敌对的社会和政治规范"(Naylor,1988:8)。它说瑞玛的儿子"并非真正想要了解18和23的含义,否则他会问的"(Naylor,1988:8)。"但再想一下,"这一叙述声音总结道,"那些不知道怎么问的人一般是不知道怎么去倾听别人的人。而他其实可以用你们现在倾听我们的方式试着去倾听别人的回答。"(Naylor,1988:10)以这样的方式,叙述者实际上意在说服我们读者不要像瑞玛的儿子和小说后半部分的乔治那样以"客观的"科学方法去理解事物,而是要像柳泉桃源岛上的居民那样,以特有的方式从历史的、信仰的角度去理解事物,进而认识自己。也只有用柳泉桃源岛的思维方式去看问题,我们读者才能更好地理解小说的另一部分,即可可和乔治各自的叙述。作者格洛丽亚·内勒也正是通过这种方式来暗示读者:在放任自我沉浸于柳泉桃源岛上的历史和传统的同时,我们要去"真正倾听"(Naylor,1988:10)和发现小说中的细节和细微含义。我们读者只有使用小岛居民的思维模式,才能真正体验到柳泉桃源岛及美国黑人的历史和回忆。也只有通过这一系列的准备,可可和乔治的爱情故事才能真正拉开序幕,与读者相见。

2 百衲被式拼接的叙事模式

在小说中,可可与乔治各自的第一人称叙述是互相穿插的,而且他们的叙事中还交互穿插着以柳泉桃源社区为代表的第一人称集体型叙述声音和以戴妈妈的自我意识为角度的第三人称视角的叙述。尽管小说没有明显的章节划分,但小说还是被分成两部分,并且乔治、可可各自的叙述与穿插着戴妈妈自我意识的第一人称集体型叙述这两大部分之间在书中总是用三个含方形的菱形来划分。而乔治与可可各自的第一人称叙述则简单地由空格来区分。这样的划分模式在全小说中只变换了一次,即在小说临近结尾的高潮部分(Naylor,1988:283-293)。这一巧妙的设置使整个故事看上去就像是被作者格洛丽亚·内勒拼接在一起的。笔者认为,作者格洛丽亚·内勒像缝制百衲被一样,将不同叙述者的话语"缝"进了整个故事里。就像戴妈妈和艾比盖尔为了可可和乔治的婚礼缝制百衲被一样,在艾比盖尔去睡觉后,戴妈妈发现她自己"几乎被埋在及膝的彩布中",于是她开始用各种彩色的布料拼接缝制百衲被,"那重叠的圆圈从边沿开始色如黄金,而后渐变成橘红色、红色、蓝色、绿色,最后到了百衲被中心部分,又变成了金色"(Naylor,1988:137)。这床百衲被不仅是戴妈妈和艾比盖尔送给可可和乔治的新婚礼物,更是戴妈妈将家族历史传承给可可的象征,"她父亲的礼拜服的一小块配上艾比盖尔的蕾丝边、后普的学士袍领子加上格蕾丝接受洗礼时的手套的一角……最终她还加上了一块褪色的织物,而这块织物是莎菲拉的"(Naylor,1988:137)。当所有的碎布被缝成一床五彩斑斓的百衲被时,戴妈妈感慨道:"你永远无法辨认出这圆环从哪里开始、到哪里结束。就像它们从来没有被缝过一样,它们似乎是凭空长出来的,和百衲被浑然一体。"(Naylor,1988:138)在美国黑人的历史文化中,百衲被是"由穿旧的衣服、褪色的制服、破烂的衬裙,以及穿不下的礼服等一切家中压箱底或即将被淘汰的衣物为原布料缝制而成的,这也象征着要将四散在世界各地的黑人联系起来"(Baker Jr. & Pierce-Baker,1985)。而格洛丽亚·内勒也娴熟地用百衲被式的叙事技巧将可可、乔治和第一人称集体型叙述声音的不同叙事片段缝制、拼接在一起,让我们读者能够更加清晰地认识到戴家历史以及柳泉桃源岛历史的完整性。

然而,当可可和乔治收到百衲被的时候,乔治想要"空出客厅的一堵墙,把百衲被挂起来",可可却清醒地意识到"这床百衲被是缝来盖在身上的",而且她还知道百衲被是戴妈妈和艾比盖尔为了能让她"在这床百衲被下繁衍子孙才连夜缝制出来的"(Naylor,1988:147)。从这一点来看,乔治更像一个没有领会美国黑人的历史和传统内涵的人物缩影。乔治从小在孤儿院长大并被教育要珍惜当下,他认为可以藐视历史并且用理性创造自己的生活,最终他在纽约定居。他并不知道历史传承和回忆延续对于可可,尤其是对于整个美国黑人群体的重要性,可可虽然辗转于柳泉桃源岛和纽约之间,却深深地植根于柳泉桃源岛,并且深知接受历史、传承文化和展望未来的重要性。就像对百衲被的用途有不同的理解一样,乔治和可可虽同为美国黑人,却对过去、现在和未来的观点存在差异。可可需要传承历史,而乔治需要忘记历史和传统。他们的矛盾注定不可调和,所以最后即使他们结婚了,也注定会是阴阳相隔的结局。所以小说中就出现了另一处与这样的结局相呼应的细节:可可在乔治墓前的自说自话是出现在乔治死后许多年里的某个时间点,而这个时间点是属于将来的;但可可和乔治各自在小说中的叙述则是以过去式出现,而第一人称集体型叙述声音则是以现在时出现。作者格洛丽亚·内勒正是以这样的方式打破时间、地点,甚至是生者和逝者之间的界限,从而使读者更难以定义时间和现实,难以区分它们的界限。正是这种叙事技巧才让过去和现在得以共存——而这也是后现代小说的另一个显著特征。作者格洛丽亚·内勒通过使用这样的叙事技巧,也向读者展示了她将过去、现在和未来联系在一起的非凡能力。

3 非语言叙事表达中隐藏的真相

小说中多次提到学会倾听的重要性,无论是瑞玛的儿子还是乔治都没有真正领悟这一真谛,而戴妈妈却教会了我们如何通过非语言的叙事表达来感知和理解这个世界。戴妈妈在看电视时会关掉声音,从观众的眼神、笑声和"上扬的嘴角、耷拉的脖子、下垂的肩膀"等肢体语言"读"出这些观众的故事,"她可以辨别出观众中哪些女士偷偷地把她们的孩子交给别人领养,哪些父亲的女儿在拍色情电影,哪些家庭因为越南战争、毒品或婚姻危机而支离破碎"(Naylor,1988:38)。比起文字和语言的叙事表达,戴妈妈更愿意相信自己从非语言叙事表达角度的观察,通过观察来感知那些不为人知的秘密。

非语言的叙事表达不仅包括肢体语言的表达,还包括实物与环境的表达。在小说中,戴妈妈在秉烛夜游会上坚持要走完全程到"别处"(即戴家祖屋和墓地)去。在"别处",她试着观察和感受风、树还有周围的环境,并意识到她以前从未思考过的家族历史的真相。任何历史确定性在秉烛夜游会那天晚上都是不堪一击的,因为戴妈妈正是在那个纪念历史的晚上颠覆了历史、发现了真相:"噢,上帝啊,原来这光并不是为了她而亮——而是为了他。在切维通途出口的那座墓碑的主人啊,他究竟找寻了她多久?兜兜转转、寻寻觅觅,最终(变成)一个心碎而死的男人。"(Naylor,1988:118)在此,戴妈妈突然明白,波斯康博·韦德不是被施咒了,而是心甘情愿地因为爱情而将柳泉桃源岛送给了莎菲拉。实际上,这一场景将过去嵌入到秉烛夜游会的现在,同时也为戴家历史嵌入了新的解读。与此同时,戴妈妈关于她自己家族历史的回忆也被重新建构,而我们读者关于柳泉桃源岛和美国黑人的所有历史回忆也被重新建构。

此外,如果我们将小说后半部分中乔治因突发心脏病而死看作一种伏笔和悬念的话,我们会发现这一事件也是和未来相关联的。因此,秉烛夜游会中关于时间和历史的崩塌,实际上是在暗示我们读者:在柳泉桃源岛上,过去和未来的一切都可以放在当下的现在时来看。而这再一次展示了作者格洛丽亚·内勒娴熟的叙事技巧,即能将不同的时间点同时并置在一起,从而帮助我们更好地去理解历史、现实和真相。笔者认为,作者格洛丽亚·内勒也不满足于接受停滞不前的、静止的历史。如果说戴妈妈和可可去她们的祖屋暨墓地扫墓时听到她们祖先声音(Naylor,1988:148-152)的那一幕代表着沉痛的过去和历史(Naylor,1988:152),那么戴妈妈独自在秉烛夜游会上与其祖先通灵交流的场景就充分地揭示了作者格洛丽亚·内勒的信念,即历史应该是动态的,我们应该重新去经历历史,才能更好地认识和了解历史。重新认识历史也能让我们更加全面地复盘当下的生活,对未来才能有更具备全局观的预判和规划。

4 结语

小说《戴妈妈》近几年在各大高校的美国文学课上都受到了关注。究其原因,笔者认为是小说本身能够让读者们跳出框架、不拘一格地从多种角度去解读和欣赏它。总体来说,作者格洛丽亚·内勒特意运用类似美国黑人百衲被传统般的后现代小说的叙事结构,以及多个独特的、互相穿插交织的叙事声音来启发我们读者,"就像鸡窝一样,万事万物皆有多面。他的、她的、外围的、内在的。所有的都是真相"(Naylor, 1988:230),也正是因为故事原有"太多面"(Naylor,1988:311),所以每次可可回忆起乔治的时候,"故事总会有新的进展,那些曾被忘怀的边边角角总是能够再一次把乔治置于新的角度让她刷新回忆"(Naylor 1988:310)。也因此,我们读者在试图全面理解柳泉桃源岛上美国黑人历史和回忆的过程中,更应该去重读《戴妈妈》,并且像戴妈妈一样多通过对非文字和非语言的细节进行观察,去体悟故事背后的真谛,力求每一次重新阅读都有新的收获。也只有这样,《戴妈妈》这部小说才能永不结束,这个关于爱、历史和回忆的故事才能永远传承下去,作者格洛丽亚·内勒通过联结过去、现在和未来的种种重建历史和回忆的努力才不会白费。

参 考 文 献

[1]Bonetti K. An Interview with Gloria Naylor [Z]. New York:American Prose Library,1988.

[2]Boyd N. Dominion and Proprietorship in Gloria Naylor's Mama Day [C]// Felton S, Loris M C. The Critical Response to Gloria Naylor. Westport, USA: Greenwood Press,1997.

[3]Brown R M. Review of Mama Day [C]//Gates H L, Appiah K A. Gloria Naylor:Critical Perspectives Past and Present. New York:Harper Collins,1999.

[4]Christol H. Reconstructing American History:Land and Geneology in Gloria Naylor's Mama Day[C] // Sollors W, Diedrich M. The Black Columbiad:Defining

Moments in African American Literature and Culture. Cambridge：Harvard University Press，1994.

[5]Fowler V. A Conversation with Gloria Naylor[C] // Fowler V C. In Search of Sanctuary. New York：Twayne Publishers，1996.

[6]Hayes E T. Gloria Naylor's *Mama Day* as Magic Realism[C] //Felton S，Loris M C. The Critical Response to Gloria Naylor. Westport，USA：Greenwood Press，1997.

[7]Baker Jr. H A，Pierce-Baker C. Patches：Quilts and Community in Alice Walker's *Everyday Use* [J]. The Southern Review（Baton Rouge），1985，21(3)：706-720.

[8]Lattin P H. Naylor's Engaged and Empowered Narratee [J]. College Language Association Journal，1998，41(4)：452-469.

[9]Levy H F. Lead on with Light [C] // Gates H L，Appiah K A. Gloria Naylor：Critical Perspectives Past and Present. New York：Harper Collins，1999.

[10]Meisenhelder S. "The Whole Picture" in Gloria Naylor's *Mama Day* [J]. African American Review，1993，27(3)：405-419.

[11]Naylor G. *Mama Day* [M]. New York：Ticknor & Fields，1988.

[12]Reckley Sr. R. Science，Faith，and Religion in Gloria Naylor's *Mama Day* [C] // Jones L E. Twentieth-Century Black American Women in Print：Essays by Ralph Reckley，Sr. Acton，Mass：Copley Publishing Group，1991.

[13]Simon L. Black Roots，White Culture [J]. Women's Review of Books，1988(5)：11.

[14]Storhoff G. "The Only Voice Is Your Own"：Gloria Naylor's Revision of *The Tempest* [J]. African American Review，1995，29(1)：35-45.

[15]Tucker L. Recovering the Conjure Woman：Texts and Contexts in Gloria Naylor's *Mama Day* [J]. African American Review，1994，28(2)：173-188.

[16]马永峰. 论格洛丽亚·内勒《戴妈妈》中的魔幻现实主义[D]. 厦门：厦门大学,2009.

[17]任雪娇,魏兰. 从生态女性主义视角解读《戴妈妈》[J]. 西昌学院学报（社会科学版),2016(4):115-132.

[18]杨帅. 对《戴家嬷嬷》中百衲被主题的黑人女性主义研究[D]. 长沙：中南大学,2007.

[19]曾艳钰. 再现后现代主义语境下的种族与性别——评当代美国黑人后现代主义女作家歌劳莉亚·奈勒[J]. 当代外国文学，2007（4）:47-55.

[20]郑朝辉. 继承与发展——《凝望上帝》和《妈妈戴》之比较研究[D]. 湘潭:湖南科技大学,2007.

[21]朱姗姗. 歌劳莉亚·内勒《妈妈·戴》中的女性力量[D]. 湘潭:湖南科技大学,2012.

通信地址： 100871　北京大学外国语学院

　　　　　　方舒琼（emmafong@pku.edu.cn）

论《尖枞之乡》的白人女性共同体构建

华中科技大学外国语学院　龙吟式

摘　要：美国女作家萨拉·奥恩·朱厄特的地方叙事代表作《尖枞之乡》描绘了一幅前工业文明时代静谧悠长、海岛生活自给自足的田园牧歌图景。过往的评论多受"地方特色主义""乡土文学""不知名女作家"等标签局限,将《尖枞之乡》的意涵局限在了作者用田园牧歌式怀旧书写控诉现代工业文明。但我们细看后不难发现,书中男性角色缺位,白人女性居于核心地位。作者虚以田园牧歌为怀旧基调,用海滨小镇登尼特兰丁作为乌托邦国家的指涉,实则为构建新英格兰盎格鲁-诺曼血统至上的白人女性共同体。

关键词：怀旧;共同体;同质化;纯一性;盎格鲁-诺曼

On White Female Community Construction of *The Country of the Pointed Firs*

Abstract： The regional representative work of Sarah Orne Jewett's *The Country of the Pointed Firs* presented us a quiet and long, self-contained island pastoral scene in the pre-industrial civilization era. Many critics are bounded by the tags of "localism" "native nature" and "minor female writer", simplifying the writer's attempts into a naive cry for the pastoral and nostalgic past under the context of the aggressive industrial civilization. However, after a close reading, we are quite easy to find that she builds a white-female-centered community while males are absent. Jewett takes the idyllic songs as the nostalgic tone, and uses the seaside town of Dunnet Landing as the reference to the Utopian country. In fact, she aims to construct the white female community of Anglo-Norman blood supremacy in New England.

Key words： nostalgia; community; homogeneity; purity; Anglo-Norman

　　缅因州位于美国东北部的新英格兰地区,缅因州南贝威克镇是女作家萨拉·奥恩·朱厄特(Sarah Orne Jewett,1849—1909 年)的成长之地。以这个海湾小镇为灵感起源,她创作了笔调轻快、文风朴实的地方叙事代表作《尖枞之乡》(*The Country of the Pointed Firs*)。小说中的登尼特兰丁镇以作家的家乡南贝威克镇为原型,朱厄特以此寄托自己对海滨故土的眷恋和怀想,也寄寓了她在世纪之交对民族、国家的思考。《尖枞之乡》的怀旧书写不仅是个人、少数群体诗化的田园牧歌记忆,更是一种留住"集体记忆"的尝试。朱厄特有意在书中构建了一个与外界经济、物质文明联络不足,但内部人情往来多、高度团结排外的、新英格兰纯一性至上的海滨小镇共同体(Community)。书中男性角色缺位,女家长占据核心地位,联结其散布在各岛的宗亲。作者以怀旧为基调,前工业时代田园牧歌式的怀想是对现代物质文明的无声拒斥;用登尼特兰丁这个海滨小镇作为乌托邦国家的指涉,目的是构建新英格兰盎格鲁-诺曼血统至上的白人女性共同体。

1 怀旧与"尖枞"共同体

"怀旧"的英语为 nostalgia,它来自两个希腊词汇:nostos(返乡)和 algia(怀想),表示对于某个不再存在或者从未存在的家园的向往。书中的人物鲍伊姆怀念不再存在的,怀念从未存在的,怀念过去,又展望未来。怀旧的思绪游移在记忆与地点之间,怀旧的情绪滋生于集体生活,怀旧的记忆由过往的众人和诸多事物组成,它不仅是私人情绪,也是公众的集体记忆。朱厄特笔下的尖枞怀想是记忆对田园牧歌式生活的复归。如果福克纳对地方、对人的怀想是复归他心目中那个如邮票大小的约克纳帕塔法县(Yoknapatawpha County),那么朱厄特怀想的则是那个登尼特兰丁尖枞之乡,而这一抹记忆的底色,是尖枞深绿。它轮廓清晰,礁石遍布,海浪拍击的峭壁是海面与登尼特兰丁岛的平面界线,树杪连缀的碧绿天际线是大地与天空的空间联结。

书中叙述者在数个夏日前于游船上匆匆一瞥,于是在登尼特兰丁码头,在久已不闻世事的居民的新奇注视下,踏上了这片土地。叙述者是一个来自城市的异乡人。对叙述者"我"来说,归来是为了经历,离开是为了下次归程,重访是为了将一瞬的热爱化为永恒。对读者来说,书中叙述者姓名和相貌不详,只模糊知道叙述者接近中年,前来小镇是为了避开人世喧嚣,去一不受叨扰处静心写作。叙述者短居小镇两个月,以房东托德太太的屋舍为起点,按照流动性叙事模式去记录小镇见闻。叙述者是小镇奇闻逸事的听者和记录人,像船长利特尔佩奇、老水手以利亚·蒂尼那样奇怪,但叙述者也能真心地向托德太太讲述自己过往的经历。同时,叙述者也是岛上日常迎来送往、盛大宗族仪式(如鲍德温家族聚会)的参与者和见证人。朱厄特以城市异乡人的视角记录小镇生活,既是同叙述者,也是异叙述者。"哥雀歌唱不息,金翼啄木鸟啄木不止,几只乌鸦在故意喧闹"(98),校舍外远远传来的牛铃声、房东采集草药时习惯哼的乡间小曲、小岛人特有的方言乡音，不仅是音乐，是语言，而且是一个又一个怀旧符号。正是这一份落于笔尖的尖枞依恋，为城市读者展示了不为人知的守望之地（waiting-place），构建了一个精神可以怀想且不断归来的田园故乡。

登尼特兰丁小镇是共同体叙事（narrative of community）（Zagarell，1994）体裁下的一个可知的共同体（a knowable community）。"如果说在简·奥斯丁笔下，邻居是住得不那么近的，但是在社会身份上可以互相拜访的人，是一个由有产有闲的乡绅地主阶级组成的可知的共同体网络"（雷蒙·威廉斯，2013），那么在登尼特兰丁小镇，朱厄特描绘的则是一幅前工业（pre-industrial）文明时代消隐了阶级的田园牧歌式的怀想之乡，也是滕尼斯（Ferdinand Tonnies）共同体（Gemeinschaft）意涵下与"社会"（Gesellschaft）概念相对的海滨小岛共同体。同时，朱厄特描绘的也是在自然基础（家庭与宗亲，如鲍德温家族）之上的、在历史上形成的、小的联合体里（乡村，如登尼特兰丁岛），以及在思想的联合体里（师生关系和友谊，如"我"与女房东托德太太）实现的共同体构建。

在这个海滨小镇的共同体里，自然与人居有机地融合，"房子看起来像是被牢牢地打上楔子，用树钉钉在了岩石丛中"（1）。伴随托德太太进门的，是她长裙裙踞上沾染的后花园的药草香；在午夜进入叙述者梦乡的，是穿堂的尖枞风和海浪拍打礁石的响声。自然空间与私人空间之间的界限变得模糊，人与自然也亲密无间。"海风从低矮的边窗轻轻地吹进了这座堆满药草的房子……要是托德太太偶尔去到药草园里偏僻的角落，她重重地踩倒百里香，一股沁人心脾的香气便溢漫在园子里。"（3）蜀葵风中展，虎耳草满墙，歌雀声迢迢。知更鸟在野蔷薇丛中叽叽喳喳，午后牛铃声遥遥，更催人慵懒。与自然的和谐有机、可持续性（continuity）相映照的，是登尼特兰丁岛居民基于血缘亲情，或是爱情、友情的日常友好关切。只闻乡音，皆是旧识，人人都能讲点他人的故事。对于第一人称叙述者"我"来说，利特尔佩奇船长诡谲离奇的"守候之地"的故事，老水手以利亚·蒂尼哀婉地悼念亡妻的呢喃，绿岛上薄荷草丛中托德太太宛如慈母般娓娓道来的爱情故事都令初闻者无比难忘，但在小镇，这些都是人人熟稔的往事。托德太太的一句"我猜他会给你讲一些精彩故事"（35），"那一准是讲他老婆的事情，讲到这个他最开心"（142），一语击中受述者听故事的猎奇心理。小镇的故事被重复叙述，也在重复中被不断修正，就像是数年前女隐士乔安娜·托德选择在贝壳堆岛独居，引发众人猜测，但归隐的故事最终在托德太太和福斯迪克太太滔滔不绝的共同叙述（collaborate narrative）中一锤定音，然后归为集体记忆，融入小镇历史。小镇的生活高度透明，没有较多偏僻的角落，少有不为人知的往事。

2 "爱与守望"的女性共同体

如果说曾任《大西洋月刊》主编的豪威尔斯（W. D. Howells）曾夸赞朱厄特是当时为数不多的优秀现实主义女作家，认为朱厄特的描绘和研究甚至比男作家更加真实可信，那么朱厄特就在现实主义阵营站稳了脚跟，成为战后最有影响力的现实主义旗手豪威尔斯麾下的一员，则是低估了当时女作家的劣势地位。豪威尔斯所强调的现实主义，是加上了毫不伪饰的大男子主义色彩的，他认为风格（style）是女作家才会留下的"淫词艳声"。在《尖枞之乡》出版的那一年（1896 年），弗兰克·诺里斯（Frank Norris）这样调侃法国的自然主义："左拉先生的世界是庞然巨物的世界，一切都是宏大的，是令人望而生畏的，是惊悚的，是有意义的，没有泼洒茶杯这种惨事！"毫无疑问，"泼洒茶杯"影射的不是自然主义强调的宏大叙事，而是平常生活中人物内心微妙变化的叙事偏好。对于当时文学圈里的大男子主义文学观，朱厄特虽未公开发言回应，也否认自己是女权主义者，但她却在作品中暗自对那偏颇的言论做出了最有力的回击。

在《尖枞之乡》中，作者着力构建了一个拒斥男性、无阶级化的白人女性共同体。登尼特兰丁岛不是以充满工业文明时代特征的个体为中心进行特写，而是一个无关阶级，男性角色缺位，女性与女性之间相互联系、充满友爱的共同体。雷蒙·威廉斯（Raymond Williams）将"无阶级化"（classless）看作共同体的题中之义，他认为，一个真正的共同体并不只是在一个如口袋大小的地方，生活着一群良善的睦邻，而更应该是不分阶级。在英美国家的乡村书写传统中，阶级一直都扮演着重要的角色，例如，乔治·艾略特（George Eliot）的《亚当·比德》是乡绅阶级和无产阶级的联通和互动。朱厄特有意在书中消隐阶级，她这样做是别有深意的。

该书以白人女性人物为主，丈夫角色缺失，布莱克太太、托德太太和贝格太太的丈夫皆已亡故；至于福斯迪克太太的丈夫是否在世，叙述者"我"无从知晓；叙述者"我"接近中年，却是单身、未婚，没有丈夫；利特尔佩奇船长和威廉·布莱克特终身未婚，未为人夫；老水手以利亚·蒂尼曾有妻子，但在叙述者"我"出现时已是鳏夫。几个男性角色都是独居状态，游离于共同体之外，他们只能在孤独的一角讲述那些不再辉煌的航海远行的故事。反观书中的多个白人女性人物，她们团结互助，女性之间的亲密关系以"爱与信赖的金色纽带联结"（101）。对女性而言，人类所有的生命活动都建立在与他人共同维系亲密联系的基础之上，个体的成熟是通过依赖他人和彼此关爱体现的（Zagarell，1994）。这正对应了吉里根（C. Gilligan）所说的："当成人世界的

主要建构者是女性时，一个关系互联的世界即开始显现，并且成为关照中心。"（Gilligan，1982）

该书中的关照中心不是单极的，而是处于一段关系中的两个人，即第一人称叙述者"我"和托德太太（Ammons，1983）。叙述者"我"帮女房东托德太太照管药草生意，"她经常不在家，我就成了她的商业伙伴"（6）；在绿岛之行中，托德太太带"我"去往薄荷园地，"我以前可从没有听她提起过她丈夫的事情，然而从她带我来这儿的那一刻起，我觉得我们已经成了朋友"（52）；在鲍德温家族聚会上，"我"和托德太太情同母女，"此刻我感觉自己已经成为鲍德温家族中的真正一员"（123）。随着蜘蛛网状的叙事结构逐渐铺开，情感中心不再只有两人。在绿岛之行中，"我"经托德太太带领和介绍，结识了她的母亲布莱克特太太。"这位女主人热情好客，对客人的关怀无微不至；她有一种许多女性都欠缺的天赋，能让客人感到宾至如归，心情愉悦"（49）。在该书第十二章"奇异之旅"中，福斯迪克太太突然到访，与托德太太聊起了陈年旧事，"两人沉浸于无边无际的往事和互通有无的信息的海洋之中"（64），在聊起受爱情之殇而心灰意冷隐居贝壳堆岛的乔安娜时，这个情感中心的"我们"（women）已经扩容到四个人。在这个女性共同体里，大家是相互牵挂而不是各自为营，是守望相助而不是竞争对立，是留守家园而不是去外面的世界；而这种二元对立，最常见于田园乡村与工业城市、女性角色和男性角色。这个摒弃了工业资本竞争的共同体，封闭了与外界进行信息交换的渠道，男性的存在感非常微弱，取而代之的，是女性核心地位的凸显，是女性身上男性气质的张扬和男性身上女性气质的显现。

社会学家南希（Nancy Chodorow）曾这样议论，"男性与女性并非由生理界定，男性气质与女性气质更然，男性气质强调'外出'和离家，而后者则是关联他人（relation and connection）"（Chodorow，1978）。在该书中，一直外出的是托德太太，她在森林和草地之间穿梭采集药草，在礁石群岛中掌舵驾船；一直外出的也是"我"，不断地从托德太太家外出，或者去校舍忙里偷闲，或者跟随托德太太前往绿岛，或者慕名去贝壳堆岛朝圣，或者受邀去乡下参加鲍德温家族的聚会；一直外出的还有"世上最好的出访能手"（63）福斯迪克太太，她在农忙时节突然造访托德太太家，兴致勃勃地讲起从前跟随父母远洋航行的故事。反观书中男性，情况则大不相同：老水手以利亚·蒂尼在等"我"到访；"我路过时，利特尔佩奇船长端坐在关闭的窗户后面，好像注视着一个永远不会过来的人"（98）；生性怯弱的威廉，甚至躲在家里不敢出席家族聚会。书中的女性拥抱生活，男性却与集体生活渐行渐远；女性一直都在路上，男性却总在家门一角，深居简出。

纵观全书，作者有意将几个主要女性人物进行男性化塑造，同时将男性进行女性化描写。托德太太就是典型的一例。她身形高大,气质若男子般阳刚,她也曾自言:"我像我父亲,长得又高又胖;威廉像母亲,长得又瘦又小。"(51)托德太太的弟弟威廉在生理上是男性,但在心理上像女性,他怯弱胆小,打小就怕见生人,托德太太却大方爽朗,"自小就爱跑出去见客人,威廉一见人就躲起来"(43)。外向的性格裹挟着不安分的心,她从来都向往着自由和远方。正如她母亲深谙的那样,"阿尔米丽就不一样了……她要是以前留在绿岛的话,就很难安稳下来。你是不是一直想要个更大的空间,阿尔米丽,想生活在一个大地方,那儿有树有草?"(56)和姐姐托德太太不同,弟弟威廉阴柔有余,如上文所述,威廉矮小,性格唯唯诺诺,羞怯得倒像个女儿,在这漫长的岛居岁月中,他也的确如女儿般常陪伴在母亲身边,就连早已看轻世事荣辱的布莱克特太太都不禁和自己的女儿感慨,"自从你出嫁离开绿岛,威廉又当儿子又当女儿的。他倒是乐意多抽出时间待在家里陪他老妈,我一直跟他说我赚大了,我赚大了"(43)。

　　书中像威廉这样具有鲜明雌雄同体特征的还有牧师和老水手。贝壳堆岛一行中,托德太太与镇上的牧师一同前去看望隐居的乔安娜,起初牧师还能在轻柔的海风中夸夸其谈,可突然卷起的大浪让他立马安静下来。"突然起了一阵大风,他尖叫一声,猛地站起来,大喊救命,那时船正在往海上航行。我把他撞倒在船底,过去抓住了帆脚索,把它解开了。他只不过是个小个子。暴风过了,我就帮他站了起来,潇洒地向他道歉,但是他觉得有点儿不是很愉快。"(77)如托德太太所言,那天牧师威严尽失,暴露了自己胆略不足的一面。无独有偶,雌性气质更甚的还有老水手以利亚·蒂尼。哪怕他年轻的时候身材魁梧,捕鲸网鱼、驾风驭浪都不在话下,出现在该书里时,他早已垂垂老矣,弯腰驼背。叙述者初拜访他时,见他家园地里没有灌木荆棘,也没有散乱的鹅卵石,茂盛的牵牛花一直垂到地上,牵牛花的藤蔓缠绕着侧门的把手。叙述者按响门铃后,正在织着一双蓝色长筒袜的以利亚·蒂尼起身来开门。在与他的一番交谈中,"我"得知,精心打理这一切家务的,正是他本人。妻子去世八年,他一直自己缝补衣衫,收拾家务,精心维系这个井井有条的家,这是他爱妻的殿堂。"握着他的手,我感觉温暖干净,心情愉悦,似乎除了这舒适的毛线以外,他的手不曾触碰其他东西,更别说冰冷的海水和滑溜溜的鱼了。"(133)水手的手既可修补虾篓,也可穿针引线,还能编织长袜。以利亚·蒂尼曾说,这些技能"是小时候我妈妈教我的,那时我因膝盖痛而卧病在床,她说我应该把这些时间利用起来,帮她一把"(139)。前半生,他是乘风破浪的硬汉;后半生,他如女性般细腻灵巧。不失恰当地说,以利亚·蒂尼是朱厄特笔下最完美的雌雄同体人物之一,作者对于他的描写充分印证了作者把男性当作女性、把女性当作男性的写作意图。

3 归来非为异乡人

雷蒙·威廉斯(2013)在《乡村与城市》一书中写道："乡村写作中，我们需要看到的，不仅仅是乡村社会的现实，还要看到观察者在其中的位置和态度，这也是乡村探索的一部分。"书中的第一人称叙述者符合威廉斯笔下"观察者"的题中之义。浪漫的旅行家在数个夏日前从游艇甲板上眺望，看到了不远处那个正在消逝的世界，后来，旅行家来到登尼特兰丁镇，旅行给予了"我"观察视角。小镇里的一景一物都被附着上了神话般的色彩。"我"一边逃离城市，渴慕乡村安宁的生活，一边又难以抗拒城市人的本能，充满热情地记录小镇生活中的点滴。"我"专注聆听他人所述之事，积极融入小镇生活日常，"我"用充满好奇与敏锐的视角，将自己看到的碎片式共同体生活内化，并加上了自己的见解与思考。

绿岛之行、福斯迪克太太的造访让"我"看到了小镇以布莱克特太太为核心，女性守望相助、团结相依的母系氏族的一面。"我"初来乍到时，因为缺席贝格太太的葬礼而产生强烈的异乡人的失落感，"我平生第一次渴望有人相伴，期盼了解外面的世界，遥望送葬队伍，我的心隐隐作痛。我开始思忖，是否该与她们同行，而非在送葬结束时就匆匆离去……不过此时我自己和朋友都已经明白，我其实并不真正属于登尼特兰丁"(13)。后来，那一段"我"与布莱克特太太、托德太太驱车行进在乡间的林荫小路上，共赴鲍德温家族聚会的旅程，带"我"触及小镇生活的本质，"我"彻底意识到自己是个外乡人，意识到登尼特兰丁岛是个血缘姻亲联结、人人沾亲带故的高度同质化的共同体。虽然"我"身处这个同质纯一的女性共同体，和她们一样同为白人女性、来自新英格兰，与小镇最权威的女家长布莱克特太太亲若母女，与核心人物托德太太亲密无间，但"我"知道，"我"和她们之间始终隔着一道血脉鸿沟。

旅途的终点是鲍德温家族五代人扎根落户的旧农场，彼时，四面八方的来客熙熙攘攘。聚会上，"我"见到了沙拉·简·布莱克特表妹、卡普林太太、玛丽·安娜、桑特·鲍登、玛丽·哈里斯、吉尔布雷斯先生等人，"不过，五花八门的名字还是彰显了鲍德温家族的特质和归属感"(123)。在与世隔绝的海岛上，"大伙即便没有血缘关系，也有姻亲关系"(108)。老朋友一年见一次面，他们平日里都在农场辛勤劳作，见面时，哪怕是吊唁，都有着特别的温情。席间，托德太太一会儿用充满喜悦的语调说："这不是沙拉·简·布莱克特表妹吗？哇！太开心了，真的！"(116)一会儿，她又态度大反转，与刚才判若两人，"让我吃惊的是，托德太太说着说着就从一般的品评转变为个人的憎恶"(117)。原来，这时她去世丈夫的一个表妹在朝她走来，她说自己还是像以前一样讨厌这个表妹。一向机敏的"我"虽然当时不解平日宽宏大度的托德太太为何如此不悦，但从她谈论其他表亲的神情和口吻来看，尤其是她冷淡地提及那位送给我们甜甜圈的女客人时，一改早先的热情洋溢，得知对方不是亲戚，立马不屑地抛出一句话，"她不是我们鲍德温家族的人"(124)，"我"已经能隐隐猜出个中缘由。真正的原因是，从托德太太的丈夫内森去世那时起，他的表妹便再与鲍德温家族无联系。与甜甜圈女士类似，姻亲关系曾让这位表妹成为鲍德温家族的人，正如这位表妹说的，"我第一任丈夫的确是鲍德温家族的，我就是过来看看，大家伙儿是不是都好"(125)，但是，自从脱离了这一层关系联结，甜甜圈女士和这位表妹就与这个家族没有关联了，因而，她们便被划分到托德太太认知中的"她不是鲍德温家族的人"这个小组里。托德太太向来重视血缘宗亲关系，因此"我"也能理解她为何做出这些举动。托德太太"非亲者斥"的态度，显示了共同体内部以亲缘关系为载体、同质且排外的特性，这一点让"我"感到触目惊心。在进一步的观察中，"我"还有了新的发现：

> 我满怀好奇地注视着同伴那法国式的容貌，这种容貌在这个乡村聚会的人群中很常见。之前我就得知布莱克特太太有明显的法国血统，她的外表和天赋都证实了这一点。我们了解到，新英格兰北海岸地区早期的移民大多有着胡格诺派血统，这并不让人感到惊讶。开拓新世界的确实不是撒克逊人，而是诺曼英国人。(114)

结合托德太太在聚会上所讲的，"我们家族先前是法国的上流阶层，有位先辈是位有名的将军，参加过很多战争"(114)，机敏的叙述者知道了这个家族充满盎格鲁-诺曼种族优越感的缘由，此时，叙述者更能领会一开始托德太太转向"我"时表露出的"一副得意、忘我的神情"(110)，也能理解她高呼母亲是盛宴女王的激动心情，"母亲简直像女王，他们会让母亲成为最引人注目的人……不一会儿，布莱克特太太在房子里开始享受女王般的荣耀"(111)。在布莱克特太太带"我"参观老房子的过程中，"我"对鲍德温家族的宗族谱系有了进一步的了解，她介绍"这是她父亲出生和居住的地方；早年她和祖母也一起在这里生活，她在这里度过了大部分童年时光"(122)。由此可以推断，布莱克特太太是鲍德温家族的第三代人，有着最为正统的鲍德温家族的盎格鲁-诺曼血脉；在这种高度宣扬家族荣光、看重长幼尊卑的场合，布莱克特太太难怪乎是座上宾！她年近耄耋，在家族中最为年长，自然成为权威的拥有者；另外，她神情安详而睿智，"深谙权利，具备一个盛大场合中女主人应该具备的气质与风度"(118)。

鲍德温家族的光荣历史给了"我"很大的触动,"我"既看到了他们团聚时的其乐融融,又预感到了自己被拒斥的可能,因为"我"知道同质纯一的共同体难免会团结起来一致排外,这激发了"我"这个城市人趋利避害的天性。"我"开始不由自觉地认同鲍德温家族的种族优越感,自觉地开始了自己的精神同化之旅,"我"相信,哪怕我和他们之间存在血缘阻隔,但我们在精神方面却有很多相似之处。

此前,在宴会伊始,"我早已认识了托德太太的几个亲朋好友,在这个相聚的喜庆时刻,我感觉自己像是鲍德温家族收养的一个成员"(110)。就算"我"不是鲍德温家族中人,哪怕"像是",也好过不是。同化的过程不仅发生在精神和意识层面,还发生在行动和语言层面。例如,祭祀礼仪向来可以凝聚共识、促进家族认同感,鲍德温家族聚会自然少不了祭拜仪式,"一场前往小树林庆祝胜利和祭拜丰收之神的古希腊游行仪式"(112)已然筹备完毕。而叙述者"我"将此描述为:"我们不再只是一个欢庆自己存在与进步的新英格兰家族;我们继承了所有这样的家庭代代相传的气质与遗产,我们是最近的传人。我们还拥有那遥远且被遗忘的孩童般的天性。我不知不觉地想到,我们应该手持绿色树枝,唱着欢快的歌儿前行。"(112)句首的人称是"我们",而不是"我",这是在语言层面将作为外人的"我"巧妙而不留痕迹地融入鲍德温家族中,"我"与他们都是这种"盎格鲁-诺曼精神"的传人。在后面的描写中,人称开始由"我们"转变为"我",主语的"我"复归,但并非为了抽离,而是为了更加突出"我",发出"我们"中"我"的声音。饕餮盛宴,宾客如织,花束纷繁,这一切都如此井然有序,人们入席坐定后的景象更是让"我"不禁发出感叹:

> 鲍德温家族代代相传的优秀品味和才华,以及令人愉悦的待人接物的礼节,都让我肃然起敬。一种无形的力量激励他们比大多数人做得更为出色,更为周全。我仔细观察,餐桌上的人们把酒言欢,兴奋却不失礼仪,谦逊礼让却不失尊严……他们的祖先在中世纪时或许就端坐在古老的法国府邸中宏伟的厅堂上,那时,战斗、围城、列队和欢宴对他们而言都司空见惯。(118)

宴会接近尾声,人群进入客厅向女主人告别,"我们是最后离开的,回我们各自正常的生活和住处,我感觉自己已经成为鲍德温家族的真正一员"(123)。至此,"我"的精神同化之旅已经圆满完成,这一点能从我再也不羞于谈论"血浓于水"与宗族皈依中得到佐证,"我相信大家都摒弃宿怨,常言所说的血浓于水又一次证明是千真万确的,不过五花八门的名字中还是融入了鲍德温家族的特质和归属感。宗族是心灵的本能——这不仅仅关乎出生权或习俗；在共同传承的诉求中，次要的权益则被忘却"（123）。

叙述者"我"最初是异乡人，到离别时，"我"已经和他们成为精神上的同乡人。在这里，这个同质纯一的共同体并没有发生质变，这是共同体内部主流价值观被接纳和吸收的结果，也是新英格兰盎格鲁-诺曼种族至上主义的胜利。它反映了第一人称叙述者趋近并认同作者朱厄特的种族观的伦理取向。

4　结语

登尼特兰丁岛既是作者精心构建的白人女性爱与信赖的共同体，也是作者在世纪末国家社会形态问题上的种族观、国家观的思想体现。传统的父系氏族等级制在这里失效，取而代之的是以布莱克特太太这位女家长为首的母系氏族等级社会，是19世纪末女权思潮和女权主义运动双重作用影响下的产物，朱厄特向来认为盎格鲁-诺曼人是最优秀的种族，盎格鲁-诺曼美国人才是最地道的美国人。在给好友安妮·菲尔德（Anne Fields）写信时，朱厄特（1967）提及："我发现我直接叫一个政客撒克逊人，管另外一个政客叫诺曼人，而不是像大家习以为常地叫'盎格鲁-撒克逊人'，我甚至可以在我们镇上直接认出他们来。"朱厄特刻意将盎格鲁与撒克逊区分开来，这也许是受到法国名声赫赫的种族主义学家奥古斯都·蒂埃赫（August Diehl）思想的影响，蒂埃赫分离撒克逊和诺曼元素，并且认为后者优于前者。

19世纪80年代至90年代，是朱厄特文学创作最高产的时期，也是朱厄特所在的波士顿社交圈对种族、奴隶制度、移民等社会问题最关注、排外思想最激进喧闹的时期。《尖枞之乡》就成书于此时。当时，来自爱尔兰、南欧、斯拉夫国家的难民不断涌入美国，新英格兰盎格鲁-撒克逊精英阶层在波士顿的特权地位日渐式微，后来居上的爱尔兰内战移民不断扩张势力，在此背景之下，许多本土主义者（Nativist）坚信"美国曾经是，而且也应该是，一个同质化的国家"（Zagarell，1994）。作为一个对社会问题十分关切、公民意识非常强烈、叛逆女性传统家庭角色的女权主义者，朱厄特为自己的新英格兰盎格鲁-诺曼血统而自豪，她不可能对自己社交圈中弥漫的种族主义论调置若罔闻，也不可能对种族同质化的诉求无动于衷。"如果仔细探察，朱厄特对种族融合的态度之模糊摇摆可能会让我们失望。"（Berthoff，1965）登尼特兰丁岛是作者精心构建的白人女性爱与信赖的共同体，作者在其中十分巧妙地融入了自己对这个共同体的种族观、性别观的构想。《尖枞之乡》高潮部分的鲍德温家族聚会是对种族同质化的肯定和宣扬，更是作者对自己所代表的新英格兰白人中产阶级、盎格鲁-诺曼种族优越感的流露。

参 考 文 献

[1][美]斯维特兰娜·博伊姆.怀旧的未来[M].杨德友,译.南京:译林出版社,2010.

[2][德]斐迪南·滕尼斯.共同体与社会:纯粹社会学的基本概念[M].林荣远,译.北京:商务印书馆 1999.

[3][英]雷蒙·威廉斯.乡村与城市[M].韩子满,刘戈,徐珊珊,译.北京:商务印书馆,2013.

[4]殷企平.西方文论关键词:共同体[J].外国文学,2016(2):70-79.

[5][美]萨拉·奥恩·朱厄特.尖枞之乡[M].路东平,译.南京:译林出版社,2020.

[6]Ammons E. Going in Circles：The Female Geography of Jewett's *Country of the Pointed Firs*[J]. Studies in the Literary Imagination，1983，16(2)：83.

[7]Berthoff W. The Ferment of Realism：American Literature,1884-1919[M]. New York：Free Press,1965.

[8]Bell M D. Gender and American Realism in *The Country of the Pointed Firs* [C]// Howard J. New Essays on *The Country of the Pointed Firs*. New York：Cambridge University Press，1994.

[9]Chodorow N. The Reproduction of Mothering：Psychoanalysis and the Sociology of Gender[M]. Berkeley：University of California Press，1978.

[10]Jewett S O. Sarah Orne Jewett Letters[M]. Waterville, Maine：Colby College Press，1967.

[11]Jewett S O. *The Country of the Pointed Firs* and Other Stories[M]. New York：Cambridge University Press，1944.

[12]Rousseau J-J. A Dictionary of Music[M]. Translated by Waring W. London：Gale ECCO，2010.

[13]Fileds A. Letter of Sarah Orne Jewett[M]. Boston and New York：Houghton Mifflin，1911.

［14］Foote S. "I Feared to Find Myself a Foreigner"：Revisiting Regionalism in Sarah One Jewett's *The Country of the Pointed Firs* ［J］. Arizona Quarterly：A Journal of American Literature Culture and Theory，1996,52(2)：37-61.

［15］Gilligan C. In a Different Voice：Psychological Theory and Women's Development［M］. Cambridge，Mass：Harvard University Press，1982.

［16］Renza L A. "A White Heron" and the Question of Minor Literature［M］. Madison：University of Wisconsin Press，1984.

［17］Zagarell S A. Country's Portrayal of Community and the Exclusion of Difference［C］// Howard J. New Essays on *The Country of the Pointed Firs*. New York：Cambridge Press，1994.

［18］Gillman S. Regionalism and Nationalism in Jewett's Country of the Pointed Firs［C］// Howard J. New Essays on *The Country of the Pointed Firs*. New York：Cambridge Press，1994.

通信地址： 430074　华中科技大学外国语学院
　　　　　　龙吟式(1437188106@qq. com)

徐坤《厨房》隐喻关系网络的构建
——基于 Lakoff 概念隐喻理论的分析

中国海洋大学文学与新闻传播学院　　时丽颖

摘　要：本文以 Lakoff 的概念隐喻理论为基础，研究了当代作家徐坤的短篇小说代表作《厨房》中所使用的隐喻修辞，如本体隐喻中的"身体是机器"，方位隐喻中的"地位高者为上，地位低者为下"，结构隐喻中的"人生是旅程""时间是金钱""性欲是热量，性欲是食物"等。本文通过构建《厨房》表层文本下的隐喻关系网络，指出《厨房》中的隐喻修辞对小说主题的表达有积极作用。最后，笔者对 Lakoff 的概念隐喻理论做出反思，认为这一隐喻理论尽管存在一定的缺陷，却有力地挑战了传统隐喻观念，有助于参与对认知层次下隐喻世界的构建。

关键词：概念隐喻理论；徐坤；《厨房》；认知分析

The Construction of Metaphorical Relationship Network in Xu Kun's *Kitchen*
—An Analysis Based on Lakoff's Conceptual Metaphor Theory

Abstract：Based on Lakoff's conceptual metaphor theory, this paper studies the metaphors in contemporary writer Xu Kun's *Kitchen*, such as the ontological metaphor "the body is a machine", the orientational metaphor "the one with high status is on the top, and the one with low status is on the bottom", the structural metaphor "life is a journey" "time is money" "the lust is heat, the object of lust is food" and so on. By constructing a network of metaphorical relationship under the surface text of *Kitchen*, the article points out that the metaphors in the novel have a positive effect on the expression of the novel's theme. Finally, the author of this paper reflects on Lakoff's conceptual metaphor theory, arguing that although this metaphor theory has certain defects, it has effectively challenged the traditional concept of metaphor and contributed to the construction of the metaphorical world at the cognitive level.

Key words：conceptual metaphor theory；Xu Kun；*Kitchen*；cognitive analysis

1　Lakoff 概念隐喻理论的引入与传统隐喻观念的革新

隐喻是一种修辞格，中西方传统意义上对隐喻的研究多是在修辞层面进行的。

区别于传统隐喻观强调隐喻的修辞功能，Lakoff 与 Johnson(1980)更强调隐喻的认知功能，就此提出了概念隐喻理论(conceptual metaphor theory)，开启了认知语言学视角下的隐喻研究。事实上，隐喻的认知研究在西方可追溯至 18 世纪的欧洲，意大利哲学家维科(Giovanni Battista Vico)最早发现了隐喻的认知功能，并在《新科学》一书中对其加以阐述(文旭，1999)。但真正将隐喻纳入认知语言学领域则在当代以后，以 Lakoff 和 Johnson 的研究(1980)为代表。在 Lakoff 看来，隐喻不仅仅属于语言，还属于思想和活动，日常生活中隐喻无处不在，我们思想和行为所依据的概念系统本身以隐喻为基础，我们需要通过隐喻来界定这个概念系统，并分析它的构成。认知语言学以体验哲学为基础，因而，隐喻可以被定义为"通过另一种事物来理解和体验当前的事物"①。通过重构认知意义上的隐喻观念，Lakoff 推翻了西方传统意义上的隐喻观，认为隐喻存在于概念当中而非词语当中；隐喻通常可以不基于相似性创造关联，而可以基于我们的经验创造关联；隐喻系统的塑造是在我们日常世界运作的方式中完成的(Lakoff & Johnson，1980)。1987 年，Johnson 在《心中之身：意义、想象和理解的物质基础》中提出意象图式和隐喻结构是语言运用理解的重要部分，其物质基础来自人与外部世界互动的经验；也是在这一年，Lakoff 在《女人、火与危险事物：范畴显示的心智》中对这一观点进行了进一步阐述(郭翠，2000)。二人合著出版的《肉身哲学：亲身心智及其向西方思想的挑战》又充分阐释了体验论语义观。

中国最早介绍引进 Lakoff 概念隐喻理论的文章为叶蜚声的《雷柯夫、菲尔摩教授谈美国语言学问题》。在该文中，叶蜚声提到，雷柯夫教授认为乔姆斯基把语言看作句子的结合，句法不能包括意义，于是句法的范围愈缩愈小。雷柯夫则将语言学的研究对象看作心理机能，不需要形式数学的系统为它赋予结构。雷柯夫与菲尔摩据此提出了认知语言学假设：心理是人体的一个分系统，语言是心理的一个分系统，句法是认知的一部分，研究语言形式要在认知结构的一般研究中进行。2000 年以后，在我国逐渐形成了认知语言学研究的小高潮(谭爽，2012)，在这一阶段产生的著作有赵艳芳的《认知语言学概论》、蓝纯的《认知语言学与隐喻研究》、王寅的《认知语言学》。综合来看，国内对概念隐喻理论的研究主要分为以下三类。

第一类是对于理论作用机制的本体性探讨。对 Lakoff 隐喻理论的引入多着眼于其认知功能(束定芳，2001)。石毓智(1995)从认知理论背景、生理基础影响概念生成、对乔姆斯基形式语言学的纠正几个方面评介了 Lakoff 的著作《女人、火与危险事物：

---

① 乔治·莱考夫，马克·约翰逊.我们赖以生存的隐喻[M]. 何文忠，译. 杭州：浙江大学出版社，2015：3.

范畴显示的心智》，肯定了该书提供了一个观察语言的全新角度。赵艳芳（1995）从隐喻概念体系的建构、隐喻概念理论对哲学及语言学理论的挑战两个方面评介了Lakoff 的《我们赖以生存的隐喻》。文旭、叶狂（2003）指出，构建概念隐喻需要始发域、目标域、经验基础、映射四个基本要素，概念隐喻内部及相互之间有系统性和连贯性。束定芳（2002）结合了 Richards 和 Black 的互动理论、Lakoff 和 Johnson 的映射理论、Fauconnier 的合成理论，试图对隐喻的运作机制做出完善的阐释。黄华（2002）则对 Lakoff、Johnson 的概念隐喻理论，Fauconnier、Turner 的概念整合理论进行了对比分析。

第二类是隐喻翻译实践研究。王寅（2005）提出了认知语言学的翻译观，认为翻译是以对现实世界的体验为背景的、认知主体所参与的、以多重互动为认知基础的活动，译者应该力图在译文中勾画出原作者欲描写的现实世界和认知世界。梁晓晖（2013）考察了葛浩文对莫言小说《丰乳肥臀》概念隐喻的英译，重点分析其中的乳房隐喻和动物隐喻。

第三类是汉英语料库中概念隐喻应用个案的对比研究。吴念阳、郝静（2006）分析了以道德为本体的概念隐喻；覃修桂（2008）考察对比了汉英语料库中"眼"的概念隐喻。

2　Lakoff 理论视野下徐坤的《厨房》中隐喻关系网络的构建

徐坤的短篇小说《厨房》创作于 1997 年，讲述了商界女性枝子在厨房为倾心的对象松泽准备晚饭庆祝生日，计划着向他表白心意却中途受阻的故事。枝子起初逃离厨房，化身为女强人在商界孤身奋斗，而后打拼成功的她身心疲倦，渴望回归厨房建立小家庭，但熊熊燃烧的爱火却被冰冷的现实浇灭。《厨房》文本多处运用了隐喻手法，意蕴丰富，下文将借助 Lakoff 概念隐喻理论，分析《厨房》文本中体现的隐喻概念，建构起《厨房》中的隐喻关系网络，有利于读者更深入地理解《厨房》的写作策略与主题。

2.1　《厨房》中的本体隐喻、方位隐喻、结构隐喻

Lakoff 在《我们赖以生存的隐喻》中将隐喻分为本体隐喻、方位隐喻、结构隐喻三类。

2.1.1 本体隐喻

关于本体隐喻(ontological metaphor)的概念,Lakoff 认为,"一旦我们能够把我们的经验看成实体或物质,我们就能指称它们,将其归类、分组以及量化,从而通过此途径来进行推理"[①]。本体隐喻为我们提供了指称某种经验的方法,可分为两类(文旭,叶狂,2003):一类是将事件、活动、情感、思想等具有连续性质的、抽象的经验看作不连续的、有统一形体的实体或物质的隐喻方式;另一类则是拟人。

徐坤的《厨房》中所体现的 Lakoff 著作中典型的本体隐喻有两类:在第一类本体隐喻中,大脑/身体是机器,看见是摸到,眼睛是四肢,活力是物质,这一类还包括容器隐喻;第二类本体隐喻是拟人化隐喻。

(1)大脑/身体是机器。

① 那种身体内部的骤然启动(身体是机器)

② 忙完了厨房里活计的枝子没忘了到卫生间里隆重地整修了一下自己(身体是机器)。

"大脑/身体是机器"隐喻映射如图 1 所示。

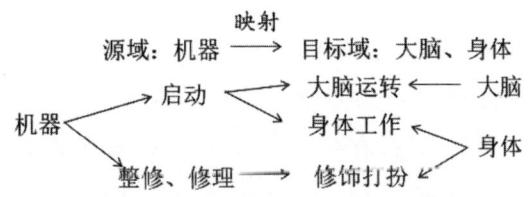

图1 "大脑/身体是机器"隐喻映射

(2)看见是摸到,眼睛是四肢。

① 一边向忙碌的枝子身上乱抛多情的眼神。

② 她不停地用眼角余光扫射着身旁的男人。

③ 枝子的眼神都快不行了,温软黏稠,密密匝匝、来来回回缠绕在他身上,直把他锁固在情意里头,只要他一挨上,就休想再挣得脱。

---

① 乔治·莱考夫,马克·约翰逊.我们赖以生存的隐喻[M].何文忠,译.杭州:浙江大学出版社,2015:23.

"看见是摸到,眼睛是四肢"隐喻映射如图 2 所示。

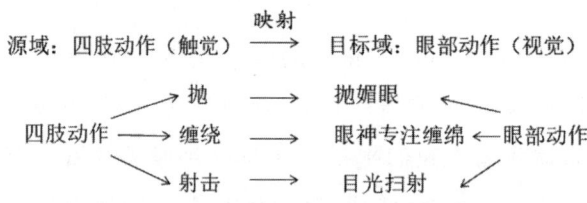

图 2 "看见是摸到,眼睛是四肢"隐喻映射

（3）活力是物质。

① 日复一日的无聊琐碎磨灭了她的灵性,耗损了她的才情。

② 松泽这会儿真感到体能被消耗得够呛。

"活力是物质"隐喻映射如图 3 所示。

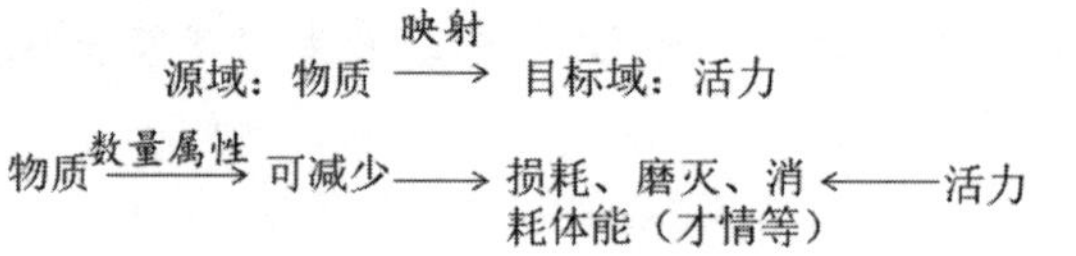

图 3 "活力是物质"隐喻映射

（4）容器隐喻。

容器隐喻是本体隐喻中较为特殊的一种。Lakoff 认为,"我们是一种物理存在,由皮肤包裹起来并与这世界的其他部分区隔开来,我们把人体之外的世界称为外部世界。我们每个人都是一个容器,有一层包裹的表皮,有里外方向。我们将我们自身这种里外方向投射到其他由表皮包裹的物体之上,也将其视为有里面和外面的容器"①。因而,人体以及其他物体都可以被看作容器,对于人体而言,情感等因素又可以被看作这个容器的内容。此外,"视野是个容器"这一隐喻是以我们的所见与一个有界物理空间之间的关联为基础的②,因而,在我们的日常表达中,不乏"他逐渐进入（走出）我的视野"这样的句子。

容器隐喻在《厨房》中也很常见,举例如下。

---

① 乔治·莱考夫,马克·约翰逊.我们赖以生存的隐喻[M].何文忠,译.杭州:浙江大学出版社,2015:27.

② 乔治·莱考夫,马克·约翰逊.我们赖以生存的隐喻[M].何文忠,译.杭州:浙江大学出版社,2015:59.

① 紫米粥和苞谷羹又会时时飘溢出一室的黑紫和金黄。

例①中，"一室"所指代的空间可被视为容器，是 Lakoff 容器隐喻里外关系中的"外"，而"紫米粥和苞谷羹"带来的视觉、嗅觉甚至味觉感知则是"里"，动词"飘溢出"形象地将里外联系起来。

② 浑身迸过一阵难以自抑的幸福

例②中，"浑身"所指代的人体空间可被视为容器，是 Lakoff 容器隐喻里外关系中的"外"，而"幸福"这种情感则是"里"，动词"迸"将里外联系起来。

③ 在这样说着的时候，她的心里充满了羞涩。
④ 年轻气盛

例④中，"年轻"所指代的"年轻的身体"将身体空间视为容器，是 Lakoff 容器隐喻里外关系中的"外"，而"气"所指的"气焰""精气"这种情感状态感知则是"里"，形容词"盛"指"兴盛""繁盛"，形容年轻的身体里精气繁盛，将里外联系起来。

⑤ 突然变得满脸盈笑
⑥ 男人的这份懊丧一下子就灌满了他自己的周身。
⑦ 可现在他的身体里却分明缺乏这种感觉。
⑧ 她愿意在心里给自己的自尊留有一点余地。

在以上隐喻中，身体为容器，内容物为情感。

⑨ 眼含赞许地盯住枝子
⑩ 她乌黑发亮的秀发就尽显在男人松泽的视野

在以上隐喻中，视野、眼睛为容器。

⑪ 脑满肠肥（身体为容器，内容物为营养）
⑫ 落到她想象的尽头（思维为容器）

121

⑬ 枝子听到男人满怀关切的问候(话语为容器,情感为内容物)

容器隐喻的隐喻映射如图4所示。

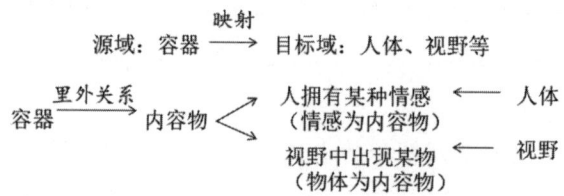

图4 容器隐喻的隐喻映射

(5)拟人化隐喻。

拟人化隐喻是本体隐喻中最明显的一类,在这类隐喻中,自然物体被拟人化,这类隐喻通过人类动机、特点以及活动等让我们理解各种非人类实体的经历。①

① 雷阵雨的突袭

② (夕阳)含情脉脉地对她俯首回望

拟人化隐喻的隐喻映射如图5所示。

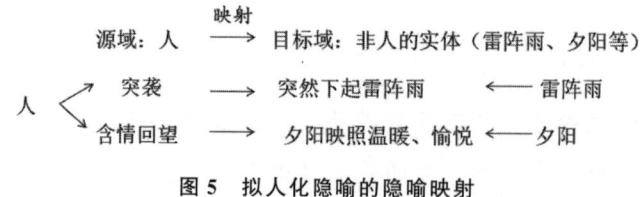

图5 拟人化隐喻的隐喻映射

2.1.2 方位隐喻

方位隐喻(orientational metaphor)大多和空间方位有关,比如上和下、里和外、前和后、上去和下来、深和浅等。这些空间方向来自我们的身体以及它们在物理环境中发挥的作用。这样的隐喻方向不是任意的,以我们的自然及文化为经验基础。徐坤的《厨房》中所体现的 Lakoff 著作中的方位隐喻有:地位高为上,地位低为下(STATUS IS UP)。这一隐喻的社会身体基础是,地位与(社会)权力相关,(身体)力量是向上的(Lakoff & Johnson,1980)。

---

① 乔治·莱考夫,马克·约翰逊.我们赖以生存的隐喻[M].何文忠,译.杭州:浙江大学出版社,2015:33.

《厨房》中的具体例证如下。

    ① 将自己的社会身份和地位向上茂盛的苗苗固定之后

    ② 此时她真是觉着自己对这个男人有些过分俯就

    ③ 而她的鼻孔总是抬得很高

    ④ 她不甘心做一辈子的灶下婢

    ⑤ 死心塌地（在 Lakoff 的理论中，情绪高涨为上，情绪低落为下）

方位隐喻的隐喻映射如图 6 所示。

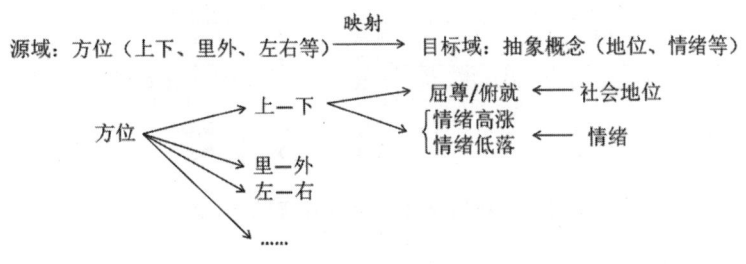

图 6　方位隐喻的隐喻映射

2.1.3　结构隐喻

Lakoff 曾经提出"结构隐喻"（structural metaphor）的概念。结构隐喻为我们扩展其意义提供了最丰富的资源。在简单的本体隐喻、方位隐喻中，我们只是简单地指称并量化它们。结构隐喻则远不止如此，它还能让我们以一个高度结构化的、被清晰界定的概念来构建另一个概念（Lakoff & Johnson，1980）。赵艳芳（1995）将其概括为以一种概念的结构来构造另一种概念，将谈论一种概念的各方面的词语用于谈论另一概念。

（1）"人生是旅程"。

在"人生是旅程"的隐喻中，作者用"旅程"概念的结构来构建"人生"概念的结构，使相对模糊的"人生"概念更为清晰。需要注意的是，隐喻概念的构建是部分的，比如在"理论是建筑"这一隐喻中，"建筑"这一概念被用来构建"理论"的部分是其基础和外壳，在隐喻"理论是建筑"中，有被使用的部分（基础、外壳），也有未被使用的部分（房间、楼梯）等。因而，"人生是旅程"概念中，被使用的部分为过程，旅行目的、公私性质、地理范围等其他范围未被使用。旅途有出发点和停泊地，人生也有出发点和停泊地，徐坤在《厨房》中称"厨房是一个女人的出发点和停泊地"。但是我们却不能利用字面隐喻中未被使用的部分，比如：

春节前后的人生中人流量爆满。

南方航空给您一次完美的人生。

结构隐喻"人生是旅程"的解读如图 7 所示。

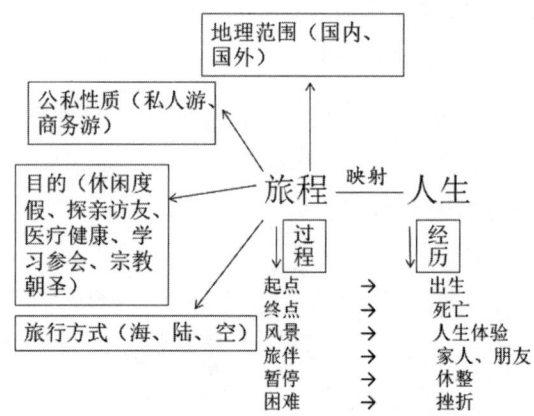

图 7 结构隐喻"人生是旅程"的解读

（2）"劳动"与"时间"。

"劳动是资源""时间是资源"这两个隐喻从文化层面上都基于我们对物质资源的体验和感受。在生产流水线中，我们以生产某单位产品所花费的时间来衡量某项劳动的价值。西方工业革命之后，在工业社会中，劳动能够依据时间被量化，这就是隐喻"时间是资源"的社会基础。因此时间就可以被看作一种被花费、预算、投资、节省或挥霍的事物。从"时间是资源"隐喻中又能衍生出"时间很宝贵""时间是金钱"等一系列隐喻。

"劳动"与"时间"的隐喻解读如图 8 所示。

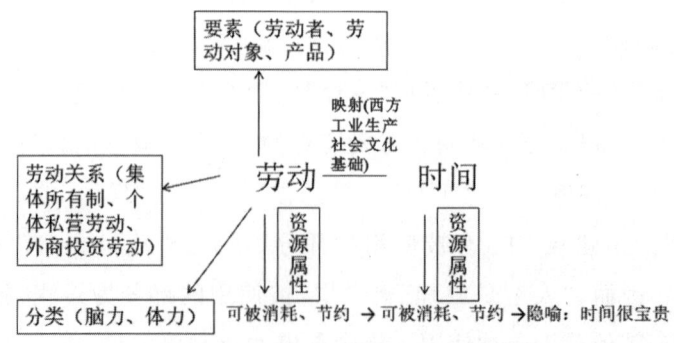

图 8 "劳动"与"时间"的隐喻解读

以"时间很宝贵"为例，徐坤的《厨房》中有很多这样的隐喻，举例如下。

① 温吞、空泛,温吞、空泛地在厨房里消磨时光
② 她还愿意将做一顿饭的时间无限地延长
③ 绝对不会再以为这是在空耗生命和时间

（3）"愤怒"与"性欲"——情感的概念化。

Lakoff 在著作《女人、火与危险事物:范畴显示的心智》中提到了一种有趣的现象,即某土著语言中女人、火、危险的事物被归为同一类事物。与愤怒相关的隐喻建构在生理基础之上,因为人在生气时体温会升高,血压会上升,也会变得敏感,而敏感和失去理智又会使人与动物无异。因而,与愤怒相关的隐喻包括热量、火、猛兽和疯狂(Lakoff,1987)。

Lakoff 曾借助一段访谈建立起性欲与愤怒之间的联系。他认为有的男性看到外表出众且打扮诱人的女性时,会情不自禁地想入非非,这是人类的一种天性,但男性强行与之发生性行为则被视为强奸,这是社会道德所不允许的。这种不允许使人有了被伤害的感觉,为了弥补这种感觉,性行为也就带有了攻击和伤害的意味,因此性欲与愤怒之间就有了联系,所以与性欲相关的隐喻同样也涉及猛兽、热量、疯狂。性欲与热量之间的联系就被构建起来了(Lakoff,1987)。

Lakoff 还认为,性欲与饥饿密不可分,欲望的实体是食物(Lakoff,1987)。从生理结构来看,女阴有唇(阴唇)和舌(阴蒂),男根有口,性器官被称作人口,交合便可被视为饮食。食和色在原始文化中与繁衍密切相关,中西神话传说中亦不乏处女吞食某种食物而生子的故事。

"愤怒"与"性欲"的隐喻解读如图 9 所示。

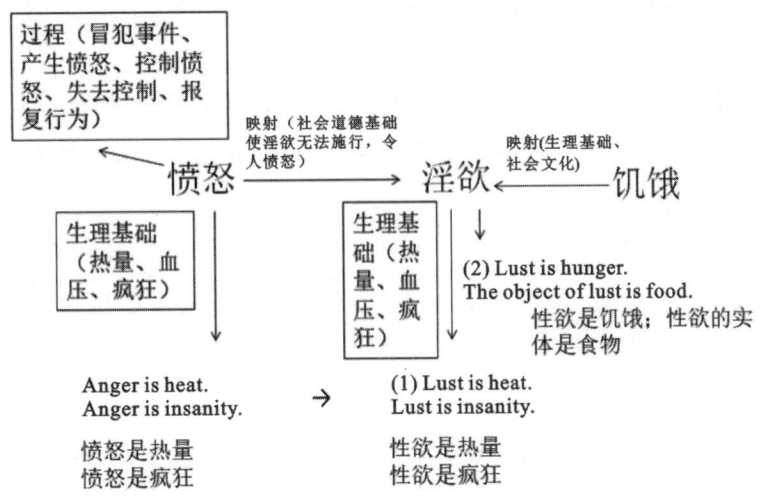

图 9 "愤怒"与"性欲"的隐喻解读

125

① "性欲是热量"。

这一隐喻在《厨房》中的应用举例如下。

> 女人一双滚烫的红唇
>
> 男人火烧着的身体"忽悠"就打了一个激灵
>
> 女人的脸蛋已经燃出了大火,非要把他和她自己焚成灰烬不可。
>
> 枝子的脸庞转瞬间又被烧红
>
> 枝子的目光,也便跟着燃烧在一片红晖之中,润润的,柔柔的。

② "性欲是饥饿""性欲的实体是食物"。

徐坤的《厨房》中同样存在这种隐喻,举例如下。

> 细长瓶颈的红葡萄酒和黑加仑纯酿,总是不失时机地把人的嘴唇染得通红黪紫,连呼吸也不连贯了。

由葡萄酒引申至酒醉,让人联想到酒醉后的生理反应:呼吸紊乱、体温升高、失去理智。这种生理反应使醉酒的人与沦陷在情欲中的人别无二致。

> 松泽把枝子买来的油蜜蜜的生日蛋糕摆在桌子中央。巧克力奶油在灯下沁出浓浓的甜色,样子极其诱人。

油蜜蜜的蛋糕如同女人的美色一样甜腻诱人。

> 女人偎在他的怀里,将紫红的蛇果拦腰横切,又在每一半边上都细细刻出锯齿形的牙边,然后两人像小老鼠般将锯齿牙边一点一点地啃啮,咬到最后就是嘴唇跟嘴唇的会合。

"紫红"给予读者视觉上的刺激,"蛇果"令人联想到伊甸园中诱惑夏娃的蛇,两人同吃一只苹果极富情色意味。

> 艺术家就显得太不艺术,太寡淡无味了些。

无视枝子性暗示的艺术家会显得寡然无味。

> 男人立刻就被人辣辣地舔了进去

将"亲吻"这一性行为比作进食。

2.2 《厨房》隐喻关系网络的构建

Lakoff 和 Turner 在《超越冷静的理性》(1989)一书中展示了利用日常隐喻读解诗歌作品中文学隐喻的有效性。隐喻是我们理解世界与自我的主要工具,强大的诗性隐喻是探寻人类生活意义的重要方式(Lakoff & Turner,1989)。梳理《厨房》文本中的隐喻,有助于我们从认知诗学的角度发现文学批评的新路径。徐坤的《厨房》开篇有大段对食材的描写,还未涉及明确的性暗示,却依然与食色隐喻相呼应,"灶上的圆火苗在灯光下扑扑闪闪,透明瓦蓝。炖肉的香气时时扑溢到下面的铁圈上,'咻啦'一声,香气醇厚飘散,升腾出一屋子的白烟儿。莴笋和水芹菜烹炒过后,它们会荡漾出满眼的浅绿,紫米粥和苞谷羹又会时时飘溢出一室的黑紫和金黄"[①]。此外,关于男女主人公视觉对象——身体(肉体)的描写,小说中也有多处,"女人优美的身体轮廓被夕阳镶上了一层金色,从远处望去,很是有些耀眼","男人的身子、手、脚都长长大大的,T恤的短袖裸露出他筋肉结实的小臂,套在牛仔裤里的两条长腿疏懒地伸着,大腿弯的部分绷得很紧,衬出大腿内侧十分饱满,很有力度"[②],结合概念隐喻"看见是摸到,眼睛是四肢",男女主人公目光所及处是充满活力的肉体,为下文的性爱隐喻做铺垫,突出小说的主题,即两性情感。书中提到的"酒桌"和"厨房"是一对对立的概念,"家中的厨房,绝不会像她如今在外面的酒桌应酬那样累、那样虚伪、那样食不甘味。家里的饭桌上没有算计,没有强颜欢笑,没有尔虞我诈,没有或明或暗、防不掉也躲不开的性骚扰和准性骚扰"[③]。这一对概念分别代表着不同的人生取向,"厨房"喻指家庭,"酒桌"喻指事业。在 Lakoff 的理论中,这种用一个实体指代另一个与之相关的实体的修辞方式被定义为转喻(metonymy)。转喻能让我们根据一个事物与别的事物之间的关系来概念化该事物,它与隐喻同样根植于我们的日常经验,构建我们的

---

① 徐坤. 厨房[M]. 合肥:安徽文艺出版社,2015:1.
② 徐坤. 厨房[M]. 合肥:安徽文艺出版社,2015:2.
③ 徐坤. 厨房[M]. 合肥:安徽文艺出版社,2015:3.

语言与思维。① "厨房"喻指人回归家庭,温馨而简单;"酒桌"喻指事业,忙碌而辉煌。枝子当初为了事业而逃离厨房,如今厌倦了酒桌上的生活,又想回归厨房,回归简单温馨的生活,而松泽的抗拒却让枝子"洗手做羹汤"的努力成为徒劳。

因而,总结上文所提到的徐坤的《厨房》中的所有隐喻,我们可以构建起《厨房》文本的隐喻关系网络(见图 10)。这对于我们理解《厨房》的主题有一定的帮助:女主人公枝子起初逃离厨房,不愿意将大好时光浪费在家务上,选择去商界打拼("身体是机器""时间是金钱",从而产生两种人生走向),而后打拼成功的她厌倦商界的虚伪("酒桌"),渴望回归温馨的小家庭("厨房")。枝子借下属松泽生日的机会为他做饭,然后表白心意("性欲的实体是食物")。两人虽擦出爱火("性与热"),但却因松泽的退却而失败,爱火也因此冷却。从枝子步入职场到打拼出一番天地,再到渴望回归家庭却失败的跌宕起伏中,"人生是旅程"的隐喻尽在其中(书中也明确提到,厨房是一个女人的出发点和停泊地)。对于《厨房》主题的解读,有学者将其理解为一个"爱情悖论"(姚洋音,2003),还有学者将其放在女性主义的理论视阈下考察(何希凡,2003),对中国社会自古以来的男权文化秩序做出批判。人们对小说主题的理解可能不尽相同,但通过 Lakoff 的概念隐喻理论,构建出表层文本下的隐喻结构,能够帮助我们更好地剖析和解读文本。

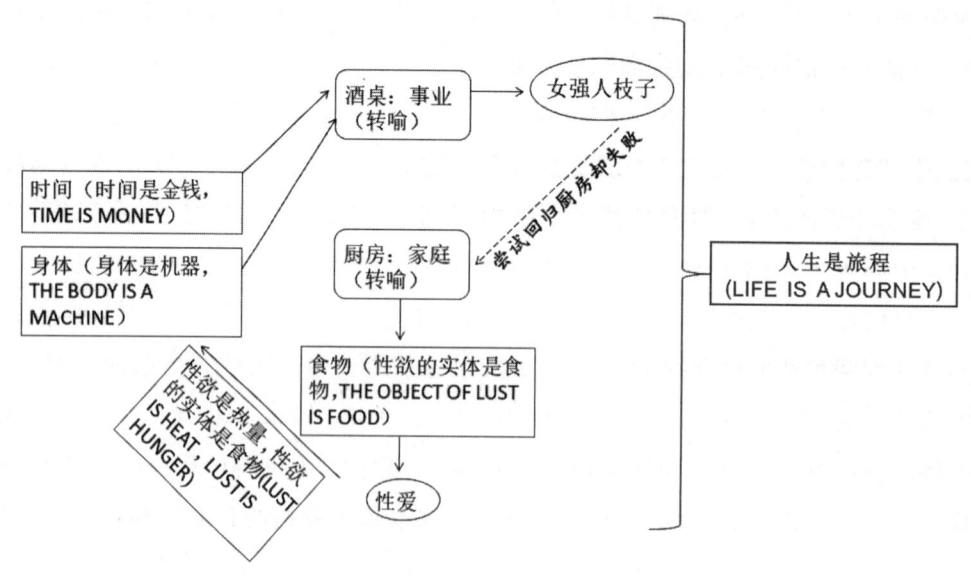

图 10 《厨房》的隐喻关系网络

---

① 乔治·莱考夫,马克·约翰逊.我们赖以生存的隐喻[M].何文忠,译.杭州:浙江大学出版社,2015:36.

3　总结与反思

Lakoff 的理论为我们提供了一个全新的角度。它使隐喻理论跳出了语言的圈子,进入了认知的考察范围。同时,必须承认的是,Lakoff 建构于经验主义立场上的研究方法在理论基础、方法论、理论解释等方面均存在着缺陷。① 陈嘉映亦对 Lakoff 提出的概念隐喻提出质疑,他认为,在 Lakoff 的理论中,每一种隐喻都突出了所喻的某些方面而遮蔽了另一些方面,比如"辩论是战争"这个隐喻否定了辩论中的合作性因素。同时,像爱情这样没有独立结构的概念是无法解释的,爱情是多种隐喻从各个侧面构成的概念。②

Lakoff 强调隐喻所建构出来的思维方式,并将其融入我们的日常生活。总而言之,尽管 Lakoff 的概念隐喻理论不尽完善,但瑕不掩瑜,以徐坤的《厨房》为例,隐喻网络的梳理与构建对文本的理解有促进作用。因而,Lakoff 的探索颠覆了我们对传统隐喻观念的许多看法,是"对乔姆斯基革命的一场革命"③,不仅在语言学领域上有开拓意义,而且在文学、哲学等其他领域也有深刻的启迪意义,为我们建构了一个文本认知层次下的隐喻世界。

参 考 文 献

[1]Lakoff G,Johnson M. Metaphors We Live by[M]. Chicago：The University of Chicago Press，1980.

[2]Lakoff G, Turner M. More than Cool Reason：A Field Guide to Poetic Metaphor[M]. Chicago：The University of Chicago Press，1989.

[3]Lakoff G. Women, Fire and Dangerous Things：What Categories Reveal about the Mind[M]. Chicago：The University of Chicago Press,1987.

[4]陈嘉映. 语言哲学[M]. 北京:北京大学出版社,2003.

---

① 刘正光. 莱柯夫隐喻理论中的缺陷[J]. 外语与外语教学, 2001(1):25-29.
② 陈嘉映. 语言哲学[M]. 北京:北京大学出版社, 2003:370.
③ 王寅. 认知语言学的哲学基础:体验哲学[J]. 外语教学与研究, 2002(2):82-89.

[5]郭翠. 国外隐喻研究刍议[J]. 东方论坛(青岛大学学报)，2000(3):64-67.

[6]何希凡. 宿命，在厨房中演绎——徐坤小说《厨房》的文化蕴含阐释[J]. 名作欣赏，2003(1):64.

[7]黄华. 试比较概念隐喻理论和概念整合理论[J]. 外语与外语教学，2001(6):20-22＋34.

[8]梁晓晖.《丰乳肥臀》中主题意象的翻译——论葛浩文对概念隐喻的英译[J]. 外国语文，2013(5):93-99.

[9]林书武. 国外隐喻研究综述[J]. 外语教学与研究，1997(1):11-19.

[10]林书武. 隐喻研究的基本现状、焦点及趋势[J]. 外国语，2002(1):38-45.

[11]刘正光. 莱柯夫隐喻理论中的缺陷[J]. 外语与外语教学，2001(1):25-29.

[12]石毓智.《女人，火，危险事物——范畴揭示了思维的什么奥秘》评介[J]. 国外语言学，1995(2):17-22.

[13]束定芳. 论隐喻的认知功能[J]. 外语研究，2001(2):28-31.

[14]束定芳. 论隐喻的运作机制[J]. 外语教学与研究，2002(2):98-106,160.

[15]覃修桂. "眼"的概念隐喻——基于语料的英汉对比研究[J]. 外国语，2008(5):37-43.

[16]谭爽. 莱考夫概念隐喻专题研究[D]. 沈阳:沈阳师范大学，2012.

[17]王寅. 认知语言学的哲学基础:体验哲学[J]. 外语教学与研究，2002(2):82-89.

[18]王寅. 认知语言学的翻译观[J]. 中国翻译，2005(5):15-20.

[19]文旭，叶狂. 概念隐喻的系统性和连贯性[J]. 外语学刊，2003(3):1-7.

[20]文旭. 国外认知语言学研究综观[J]. 外国语，1999(1):35-41.

[21]吴念阳，郝静. 以道德为本体的概念隐喻[J]. 上海师范大学学报:基础教育版，2006(9):51-55.

[22]徐冰. 英语经济语篇中生物隐喻映射模式探析[J]. 燕山大学学报:哲学社会科学版，2006(1):20-23.

[23]姚洋音. 冲突、困惑与探索——读徐坤的小说《厨房》[J]. 名作欣赏，2003(1):48-50.

[24]叶蜚声. 雷柯夫、菲尔摩教授谈美国语言学问题[J]. 国外语言学，1982(3):1-9.

[25]赵艳芳.语言的隐喻认知结构——《我们赖以生存的隐喻》评介[J].外语教学与研究,1995(3):67-72.

通信地址： 264400　中国海洋大学文学与新闻传播学院

时丽颖(2383396162@qq.com)

图书在版编目(CIP)数据

外语教育.2022.下/华中科技大学外国语学院编. —武汉:华中科技大学出版社,2023.4
ISBN 978-7-5680-9322-4

Ⅰ.① 外… Ⅱ.① 华… Ⅲ.① 外语教学-教学研究-高等学校-中国-文集 Ⅳ.① H09-53

中国国家版本馆 CIP 数据核字(2023)第 055235 号

外语教育(2022)(下)
Waiyu Jiaoyu (2022)(Xia)

华中科技大学外国语学院　编

策划编辑:刘　平

责任编辑:江旭玉

封面设计:原色设计

责任校对:张汇娟

责任监印:周治超

出版发行:华中科技大学出版社(中国·武汉)　　　　电话:(027)81321913

　　　　　武汉市东湖新技术开发区华工科技园　　　　邮编:430223

录　　排:华中科技大学出版社美编室

印　　刷:湖北新华印务有限公司

开　　本:787mm×1092mm　1/16

印　　张:8.75　　插页:2

字　　数:166 千字

版　　次:2023 年 4 月第 1 版第 1 次印刷

定　　价:68.00 元